la

Tout un monde du mythe, du fantasme, du cauchemar qui affole les bourgeois, terrorise les enfants et fait les délices des illustrateurs de la presse populaire.

Embarquement immédiat

Les hommes en cage

Répression à bord

Les révoltés

Fuir, fuir à tout prix !

La belle des belles

L'enfer vert, paradis du forçat

Michel Pierre est agrégé d'histoire. Il a déjà publié un ouvrage sur les bagnes guyanais : *La terre de la grande punition* (Ramsay, 1982) et termine une thèse sur Saint-Laurent-du-Maroni, commune pénitentiaire.

Pour Emmanuel

Dépôt légal : octobre 1989
Numéro d'édition : 47546
ISBN : 2-07-053089-2
Imprimerie Kapp Lahure Jombart à Évreux

LE DERNIER EXIL
HISTOIRE DES BAGNES ET DES FORÇATS

Michel Pierre

DÉCOUVERTES GALLIMARD
HISTOIRE

le cachot. Du Bagne

Ferrés au cou et aux chevilles, reliés par groupes d'une trentaine jusqu'à rassembler deux cents à trois cents hommes, les condamnés au bagne quittent Paris pour Toulon ou Brest. Encadrés d'hommes en armes, suscitant souvent l'horreur, parfois la compassion et toujours la curiosité, ils forment une longue colonne de chair et de fer qui traverse la France en un mois.

CHAPITRE PREMIER
DES PORTS COMME PRISONS

L'enfermement dans d'étroits cachots est l'une des plus terribles punitions du bagne. Cette réclusion suit parfois le long cheminement des forçats à travers la France (à droite). La «chaîne» compte de 200 à 300 condamnés.

Le fleuve des réprouvés

Lorsque la date du départ de la «chaîne» des condamnés est connue, la foule se presse devant la prison de Bicêtre où ils sont rassemblés. Ferrés et enchaînés, les forçats montent sur de longues charrettes. Derrière suivent les fourgons de cuisine et un cabriolet-patache où se tiennent le capitaine de la chaîne, un chirurgien pour les éventuels malades et blessés et un fonctionnaire du ministère de l'Intérieur. Ce «commissaire» veille à la bonne marche du convoi et à son arrivée à bon port sous l'égide d'un entrepreneur de transport. Dans Paris, une forte escorte de gendarmerie se place sur les flancs du sinistre défilé qui fend la foule de milliers

Il est normalement prévu que le transport des forçats s'effectue en charrettes, mais l'entrepreneur du voyage peut faire voyager à pied, tour à tour, un tiers des forçats. Spectacle où parfois les condamnés arborent des rubans ou des glands de paille sur leur bonnet. Ils narguent les badauds ou avancent prostrés, livrés aux regards de pitié ou de haine.

de spectateurs. Aux portes de la capitale, après avoir supporté rires, injures et quolibets, les forçats doivent descendre des charrettes, subir une fouille méticuleuse et se mettre en marche.

Plusieurs fois par an, partent ainsi de longues cohortes soit vers l'ouest, avec Brest ou Rochefort comme ultimes étapes, soit vers le sud, pour atteindre Toulon. Sur plusieurs points de la route, des détachements plus ou moins nombreux d'hommes condamnés par les cours d'assises des départements traversés forment les affluents du fleuve des réprouvés. Ces «chaînes volantes» s'appellent, sur la route de Brest : cordon d'Angers, cordon de Nantes... et sur la route de Toulon : cordon d'Auxerre, cordon de Moulins, cordon de Clermont.

Au passage de la chaîne, on cherche à reconnaître les assassins, tel l'abbé Delacollonge qui avait coupé en morceaux sa maîtresse enceinte : «On ne peut se faire une idée de ce que la foule a épuisé d'indignation vertueuse, de colère morale et de lâcheté sur cet homme; il a été couvert de terre et de boue; les pierres pleuvaient sur lui avec les cris de la fureur publique.»

Les haltes pour le repos et le sommeil se font dans les étables ou dans les écuries d'auberges

Vidocq a laissé dans ses *Mémoires* le souvenir d'une de ces haltes : «A la couchée, on nous entassa dans des étables à bœufs, où nous étions tellement serrés, que le corps de l'un servait d'oreiller à celui qui venait après; s'embarrassait-on dans sa chaîne ou dans celle de son voisin, les coups de bâton pleuvaient aussitôt sur le maladroit. Dès que nous fûmes couchés sur quelques poignées de paille qui avaient déjà servi de litière aux bestiaux, un coup de sifflet donna l'ordre du silence le plus absolu; il ne fallait même pas le rompre par la moindre plainte quand, pour relever un factionnaire placé à l'extrémité de l'étable, les argousins nous marchaient sur le corps.»

La chaîne avance ainsi par étapes successives. On vient voir passer un forçat de connaissance, un condamné du cru et *la Gazette des Tribunaux*, friande de ces histoires, écrit dans son numéro du 23 octobre 1829 : «La foule qui assiège les portes de l'auberge est composée de la plupart des habitants de Corbeil : ils sont venus pour voir au passage le nommé Valentin, ancien meunier de cette ville. Les yeux ne peuvent se rassasier de le contempler. Les enfants le montrent du doigt.[...] Aux mots de toutes parts répétés par les enfants: "C'est Valentin,

c'est Valentin!" il répond: "Oui, c'est Valentin, et si vous n'êtes pas sages, vous viendrez à sa place... Ce n'est pas pour rire : que ceci vous serve d'exemple."»

La chaîne pour Toulon ne fait pas tout le trajet à pied. A Dijon, les condamnés sont chargés sur de grandes barques et, remorqués par un petit bâtiment à vapeur, descendent le Rhône, débarquent à Avignon avant de gagner Toulon en une ultime procession de bannis. Ces itinéraires de la honte ont leur origine au temps des galères lorsque affluaient vers Marseille des convois venus de toute la France.

«Nos habits sont
[écarlates,
Nous portons au lieu
[d'chapeaux
Des bonnets et point
[d'cravates
Ça fait brosse pour les
[jabots.
Nous aurions tort de
[nous plaindre,
Nous sommes des
[enfants gâtés,
Et c'est crainte de nous
[perdre
Que l'on nous tient
[enchaînés.»

Chanson de la chaîne

Des galères aux bagnes : la punition par le travail forcé et la volonté de rendre la peine utile et rentable

Le bagne naît des galères. Les condamnations aux bancs de rame, à la «chiourme», sont instituées en France en 1560 et ce type de châtiment va durer près de deux siècles. Soixante-dix mille galériens connurent cet univers de misère, de crasse et de mort.

Préparatifs

“On attendait pour composer une chaîne que les cadres fussent incomplets aux bagnes, ou que les prisons fussent trop pleines à Paris. Avait-on un nombre suffisant de galériens à expédier, on prenait jour, on doublait les postes de la prison et l'on faisait venir les fers à Bicêtre. C'étaient d'abord des chaînes assez longues pour unir vingt-six prisonniers les uns aux autres, par le moyen de colliers attachés de distance en distance, et qui attendaient le col du forçat. Ces chaînes arrivaient vers midi dans la cour de la prison. On faisait entrer les curieux munis de billets, et l'on fermait les grilles; puis les condamnés arrivant comme une longue file par le guichet, venaient s'asseoir l'un après l'autre sur le pavé devant le collier placé à trois pieds derrière eux.”

Le ferrement

“Alors le travail commençait. Un argousin, saisissant la tête de chaque condamné, essaye de la faire entrer dans le collier, précaution nécessaire pour que ce collier triangulaire ne puisse s'enlever ainsi d'une tête trop petite. Mais ce bandeau de fer s'arrêtait toujours au front, comme une couronne. Alors, le carcan s'ouvrant à charnière, serre le cou du patient, et se referme avec un clou rivé à froid. Pendant cette opération terrible les plus fougueux pâlissent et demeurent immobiles. L'enclume touche leur menton, le clou est rivé à deux pouces de leur crâne, et le moindre mouvement de la tête, trompant la direction de l'énorme marteau, ferait jaillir la cervelle du patient. Cette besogne achevée, un détenu, armé de longs ciseaux, vient couper ou plutôt hacher à tous les forçats les cheveux et les favoris.”

Soirée à Bicêtre

“Chaque fois qu'une chaîne de vingt-six est ferrée, de façon à former un attelage d'hommes placés deux à deux, le chef des argousins l'examine, fouille les condamnés, les déshabille pour leur donner les grossiers habits de toile, uniforme du voyage. Chaque forçat porte environ trente livres de fer pour sa part. Le vieux criminel et le jeune condamné, l'assassin et le simple faussaire, marchent de front, et aucune différence n'est faite entre les motifs de condamnations et la moralité des condamnés. Ainsi tout devient égalité pour les galériens; c'est-à-dire solidarité de crime et d'ignominie. Ferrés et habillés, on les fait dîner assis par terre. C'est le moment où la charité des rares visiteurs admis à ce spectacle, s'exerce plus ou moins libéralement. Quelques condamnés pleurent pour attendrir, d'autres déploient un cynisme qu'ils prennent pour de la bravoure; les uns boivent, les autres chantent, souvent plusieurs se battent pour la pièce de monnaie que l'un d'eux a reçue. Ce sont là des orages que dissipe l'argousin à coups de bâton.”

27
28
Juillet

Le départ

« Au point du jour, entrent dans l'enceinte de longs chariots, assez semblables aux haquets des brasseurs. On fait placer sur chacun d'eux un cordon de vingt-six hommes, dont treize sont tournés à gauche et treize à droite, c'est-à-dire dos à dos, et les jambes pendantes. Le signal est donné, les gendarmes et les argousins mettent le sabre à la main; on pousse les chevaux, les chariots roulent, les grilles s'ouvrent, et un long hourrah de douleurs ou de huées salue Bicêtre, que beaucoup de ces malheureux reverront peut-être un jour. La chaîne est partie. »

M. Alboise et A. Maquet, Bicêtre, in *les Prisons de l'Europe,* 1845

Mais, au XVIIIe siècle, les progrès de la navigation et les nouvelles conditions de la guerre sur mer rendent les galères coûteuses, inutiles, vulnérables. Subsistent la beauté de leurs lignes, la somptuosité de leur décor, le merveilleux ensemble des rames gigantesques frappant la mer en cadence. Toute une flotte de prestige et de gloire servie par des esclaves de la loi, et bientôt appelée à disparaître.

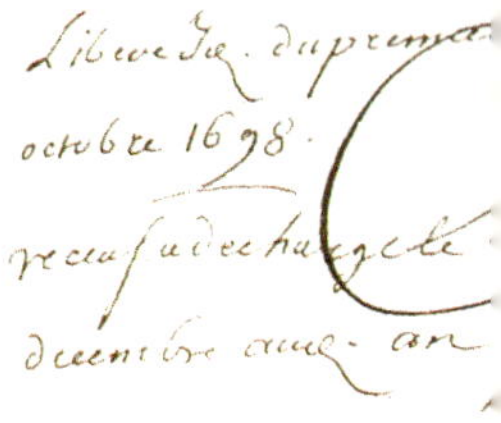

Dès 1730, les galères de Marseille ne sont plus qu'une quinzaine contre une quarantaine à la fin du siècle précédent. La majorité de la chiourme ne sert plus à bord mais subit sa peine à l'arsenal, chez des artisans ou fabricants marseillais. Les mieux notés disposent de leurs propres baraques-ateliers sur pilotis le long du quai.

Une ordonnance du 27 septembre 1748, si elle ne supprime pas totalement le corps des galères de France, prévoit de nouvelles peines et de nouvelles conditions de détention pour ceux qui sont justiciables de la chiourme. L'article 11 mentionne que les condamnés seront logés «à terre, dans les bagnes, salles de force ou autres lieux qui seront destinés pour les renfermer», et l'article 25 précise qu'ils «seront employés de deux semaines l'une, et à tour

L'aviron d'une galère ordinaire mesure 12 m de long et pèse 130 kg. Les cinq galériens enchaînés ensemble se partagent une sorte de caisse de 2,30 m de long et large de 1,25 m. Entassement, violence et travail forcé caractérisent aussi le bagne, héritier des galères, que certains espèrent moraliser par l'institution d'une communauté de «frères des prisons».(à droite)

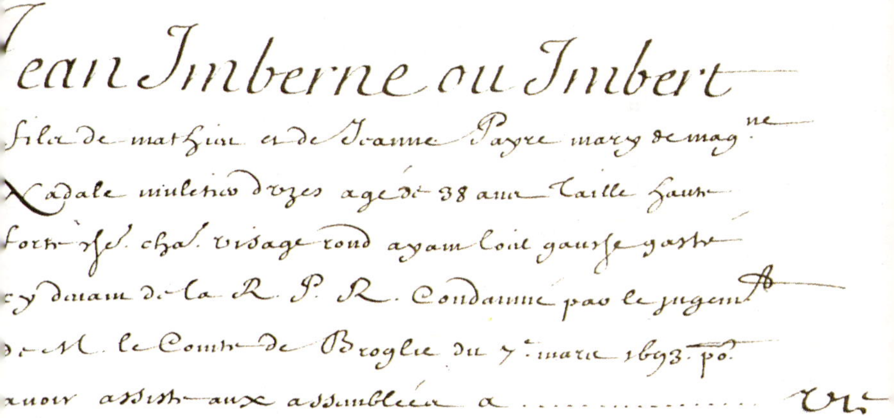

de rôle, aux travaux de fatigue des arsenaux suivant les ouvrages auxquels ils pourront être destinés».

La fin des galères signifie également un changement de lieu. L'arsenal de Marseille est progressivement démantelé, les galères encore à flot et une moitié de la chiourme s'installent à Toulon. L'autre moitié est dirigée sur Brest pour y construire, elle-même, les bâtiments d'un nouveau bagne. A ces deux nouveaux espaces portuaires s'ajoute en 1767 le bagne de Rochefort. Ces trois établissements pénitentiaires vont durer environ un siècle. D'autres auront une existence plus éphémère. Lorient a ses bagnards de 1794 à 1830, Le Havre les siens de 1798 à 1803, Cherbourg de 1803 à 1814. L'Empire y ajoute Anvers (1808-1814), La Spezia (1808-1814) et Civita Vecchia (1811-1814).

Escrocs, voleurs, braconniers, faux-monnayeurs, vagabonds, incendiaires, contrebandiers, assassins : la clientèle des bagnes

Le code des délits et des peines de 1791 et le code pénal de 1810 précisent les atteintes à la loi qui valent aux coupables les travaux forcés. Dans l'échelle des peines, après la peine de mort viennent celles des travaux forcés à perpétuité et des travaux forcés à temps. Elles sont, en général, décidées par des cours d'assises mais peuvent aussi relever de tribunaux militaires. Les registres des matricules

des bagnards permettent de connaître précisément le destin de chaque bagnard. On y trouve un signalement physique détaillé, des mentions concernant sa profession, son lieu de naissance, son âge, sa situation de famille, le lieu, l'instance, la date et le motif de sa condamnation, la date de son arrivée au bagne, la durée de la peine infligée, la date de sortie du bagne et sa cause (libération, décès, évasion ou transfert).

Ainsi une étude portant sur la population du bagne de Brest en 1836 permet de savoir que sur deux mille sept cent cinquante-trois condamnés, plus de la moitié (61 %) ont entre 31 et 50 ans, 53 % sont célibataires, 60 % ne savent ni lire ni écrire, plus de 50 % sont ouvriers ou artisans. Quant aux raisons de leur présence au bagne, elles peuvent s'établir comme suit : 62 % de condamnés pour vol, 17 % pour meurtre, 4 % pour viol, 2 % pour faux et usage de faux. Le reste se répartit en délits divers ne concernant que quelques individus : empoisonnement, parricide, incendie, fausse-monnaie...

Crimes et châtiments changent avec le temps. Si l'on compare les délits de 1836 à ceux enregistrés en 1749, à l'origine du bagne de Brest, on note de nombreuses différences. Les voleurs forment alors la majorité (44 %), mais les contrebandiers de tabac (14 %) et de sel (13 %) sont très nombreux. De même figurent des vagabonds (5 %). Il est vrai qu'un coupable ne se définit que par le délit commis et la peine infligée. En 1749, le braconnage et le vagabondage valent peine de travaux forcés, en 1836 ils ne relèvent plus que de la prison. Et si la contrebande de sel est de nature criminelle avant la Révolution française, elle ne l'est plus après. Le malandrin est aussi un enfant de l'Histoire.

Le bagne de Toulon a laissé subsister – ultimes vestiges du temps des galères – des pontons, des bagnes flottants où les détenus dorment à même le sol des batteries. Dans la journée, enchaînés deux à deux ou portant leur lourde chaîne, ils sont astreints aux travaux les plus durs. Le bagne de Toulon est le plus important des bagnes portuaires et celui qui dura le plus longtemps. A son apogée, dans les années 1830, il comptait plus de 4000 détenus. En plus d'un siècle, Toulon a vu passer près de 100000 condamnés.

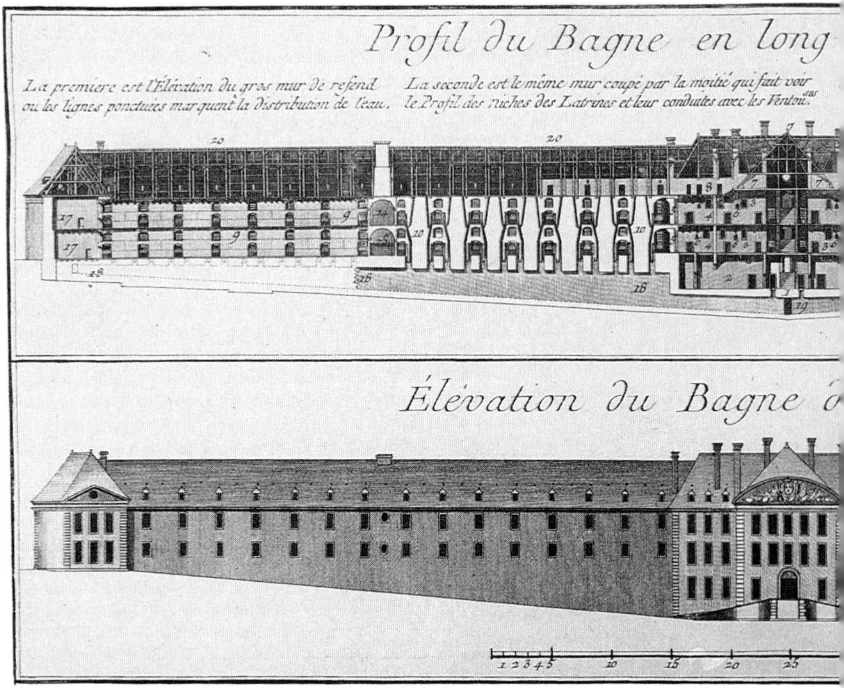

Avant d'être un lieu d'enfermement et de travail, le bagne est un bâtiment grandiose, écrasant

La construction la plus importante est celle de Brest. Antoine Choquet de Lindu en est l'architecte. Brestois d'origine, il a façonné sa ville en concevant la plupart des constructions de l'arsenal : magasin général, corderie, manufacture des toiles à voile, caserne des matelots, théâtre... Pour le bagne, il souhaite un édifice «construit avec une dépense et une somptuosité au-dessus de tout ce qui a été fait en ce genre» et dont les objectifs sont de «maintenir aisément la police, éviter l'évasion des forçats et leur fournir les besoins indispensables de la vie». Sa façade de 260 mètres de long, ses deux étages, son grand

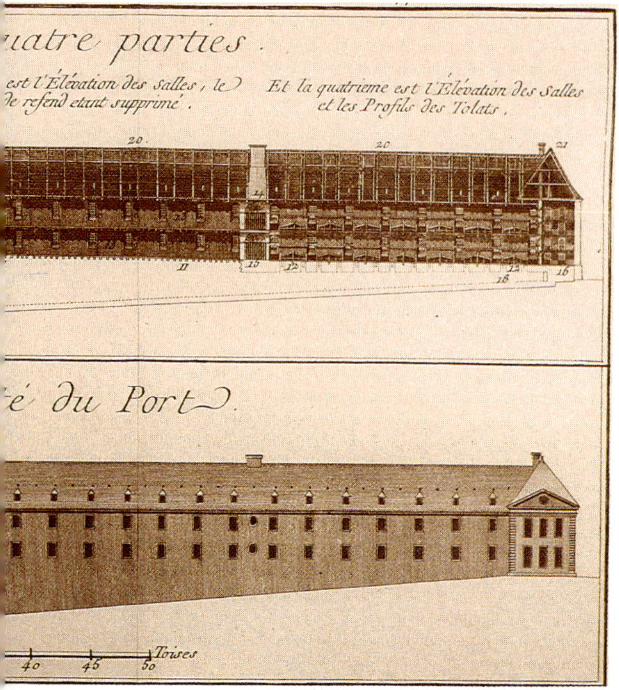

Le bagne de Brest, construit sur la rive gauche de la Penfeld, de 1750 à 1751, abrite de façon générale entre 2000 et 3000 forçats. Le réveil a lieu à 5 heures en été, 6 heures en hiver, le départ vers les lieux de travail s'effectue à 7 ou 8 heures. Les bagnards sont groupés selon leur destination et leur type de travail. Un millier se dirige vers le port pour de multiples activités à la corderie, aux bassins, au magasin d'artillerie, aux vivres, aux forges... Quelques centaines d'autres se partagent entre des activités de bouchers, d'infirmiers, de matelassiers, de chaudronniers. Plus de 200, malades ou punis, restent aux cachots ou à l'hôpital.

pavillon central lui donnent un air imposant. Le bâtiment comporte quatre salles, gigantesques dortoirs conçus chacun pour six cents forçats. Aux extrémités, deux pavillons logent les sous-officiers destinés à la garde du bagne. Une allée devant la façade est parcourue par les surveillants et reste éclairée pendant la nuit par des fanaux mis aux écoinçons des fenêtres. Toutes les salles ont l'appui des fenêtres à deux mètres de haut, ce qui interdit «toute communication ou connaissance avec le port».

A Toulon, le bagne est un bâtiment en bordure des quais de 115 mètres de long sur 8 de large. De grandes salles peuvent abriter chacune trois cents condamnés. Celui de Rochefort, ouvert en 1766 et conçu pour cinq cents forçats seulement, ne bénéficie pas de constructions nouvelles mais s'installe dans le hangar aux futailles de l'arsenal, non loin des exhalaisons malsaines des marais.

L'arc-en-ciel du bagne : bonnets rouges, bonnets verts

Au bagne, l'habit fait le moine ou plutôt désigne le truand et la durée de sa peine. Au XIXe siècle, la veste du forçat est une casaque rouge garance sans bouton

En 1836, sur un effectif de 2713 condamnés, le bagne de Brest comptait 1382 condamnés à perpétuité, 64 à plus de vingt ans, 599 entre seize et vingt ans, 413 entre onze et quinze ans, 232 de cinq à dix ans et 63 à moins de cinq ans.

ni collet. On tolère parfois un petit collet droit et des boutons en os. La coiffure marque le temps de l'expiation. Les condamnés à perpétuité portent un bonnet vert; avant 1830, ils étaient également marqués, au fer rouge, sur l'épaule, des lettres TP, Travaux Perpétuité.

Le bonnet rouge est la marque générale des condamnés à temps mais, pour quelques-uns, ce n'est qu'une couleur de transition. Du bonnet rouge, ils passent rapidement au bonnet vert, dont souvent ils ne se débarrassent qu'au pied de l'échafaud. Parfois, un changement de commissaire à la tête du bagne amène une nouvelle variété de tenue.

Le bagne de Toulon comptait 4305 détenus, 1193 à perpétuité, 174 à plus de vingt ans, 382 entre seize et vingt ans, 387 entre onze et quinze ans, 1469 entre cinq et dix ans, 700 à moins de cinq ans.

2001
H. Vernet

Scène quotidienne du bagne de Toulon à la fin du XVIIIe siècle, saisie au moment du repos de la fin de l'après-midi. Instants privilégiés où l'on cherche à vendre aux bourgeois en visite de menus objets en bois, os et noix de coco. «En regardant ces objets sculptés par les condamnés on a peine à croire qu'ils viennent d'un lieu de misère et que les mains qui les produisent aient trempé dans le sang», s'étonne Maurice Alhoy.

3090
GALERIEN
Habillement
et Fers
que reçoit un Forçat
arrivant

Fantaisies locales : turbans et arlequins

A Toulon, le bonnet des indisciplinés, bordé d'une bande de drap jaune, est désigné sous le nom de turban. Les meilleurs éléments ont droit quant à eux à un bonnet violet et les coupables n'ayant plus que quelques mois à purger portent un couvre-chef brun.

Le plus invraisemblable bariolage est atteint à Rochefort où le commissaire du bagne crée un étonnant costume. La moitié de la casaque est brune, l'autre rouge. La chemise glissée sous la casaque possède une manche jaune par derrière et verte par devant, l'inverse pour l'autre. Le pantalon consiste en un assemblage de morceaux d'étoffes de toutes les couleurs! Ceux qui étaient revêtus de ce costume étaient désignés sous le nom d'«arlequins». Toujours placés dans le lieu le plus apparent du port, ils se tenaient au repos et debout, pour servir de point de mire à la surveillance. Il fallut une intervention du préfet maritime pour abolir cette curieuse mascarade...

En dehors de ces nuances de couleurs, le trousseau du forçat est le même pour tous. Outre le bonnet et l'immuable casaque rouge, ils reçoivent – selon le règlement de 1806 – deux chemises et deux caleçons de toile, une vareuse de toile, une paire de bas et une paire de souliers.

En 1850, plus généreuse, l'administration fournit à chaque condamné une casaque de laine, trois chemises de toile, trois pantalons de toile et un de laine jaune, un gilet de laine rouge, une paire de souliers et, pour les travailleurs en plein air, une vareuse de grosse toile. Le numéro matricule figure non seulement sur chaque vêtement mais aussi sur chaque chaussure et sur le bonnet.

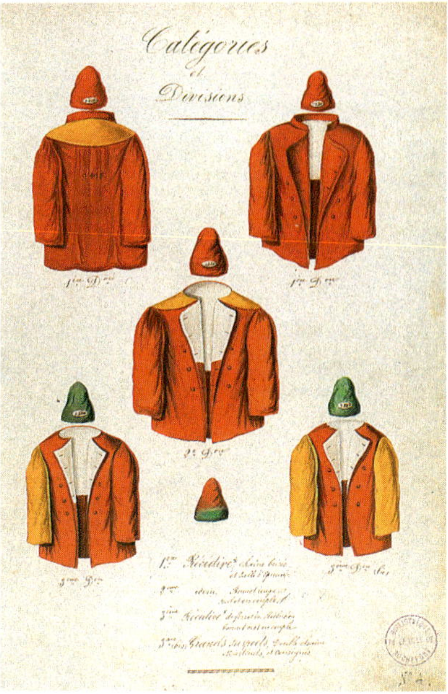

Véritable uniforme de banni, la livrée du bagnard a pour pièce essentielle le bonnet et surtout la chaîne ferrée à la cheville. En dehors de ces effets vestimentaires, le bagnard a droit également à une couverture, une écuelle et une cuillère. La plaque fixée sur le bonnet, seule pièce métallique de cet ensemble, est normalement en fer blanc. Parfois, des condamnés la remplacent par une plaque dentelée en acier trempé qui se révèle une scie très efficace.

Ferré, enchaîné, accouplé, le bagnard est rivé pour des années à un terrible destin

A son arrivée, le forçat reçoit ce qui va devenir sa plus fidèle compagne : la chaîne. Le «chaloupier» chargé du ferrement fixe à la cheville du condamné une manille fermée par un boulon auquel on accroche la chaîne en général longue d'un mètre cinquante, formée de dix-huit maillons et lourde de sept kilos. Vidocq a rappelé les premiers temps de détention : «Nous fûmes placés au dépôt du bagne, où les condamnés font une sorte de quarantaine jusqu'à ce qu'ils se soient remis de leur fatigue, et qu'on ait reconnu qu'ils ne sont pas atteints de maladie contagieuse. Dès notre arrivée on nous fit laver deux à deux dans de grandes cuves pleines d'eau tiède : au sortir du bain on nous délivra des habits.[...] Quand on nous eut donné des vêtements, on nous riva la manille au pied, mais sans former les couples.»

La formation de ces «couples» est l'une des mesures pénibles du bagne. Chaque nouveau forçat est obligatoirement «accouplé» avec un ancien pour une durée de trois ans. Leurs deux chaînes respectives sont réunies par trois anneaux métalliques que l'on appelle «organeaux». Dans un article de la *Revue de Paris,* en 1839, un témoin dénonce cette pratique : «Cet accouplement est odieux : aucune raison de pénalité salutaire ne l'explique. Il force un malheureux que le remords atteindrait dans l'isolement, au contact le plus immédiat d'un homme pervers et blasé sur tous les châtiments. Il faut qu'il mange, qu'il travaille, qu'il se couche à ses côtés; qu'il soit son complice, qu'il écoute ses discours les plus obscènes, ses blasphèmes les plus impies. Il faut qu'il

se corrompe autant que lui pour vivre à l'unisson. S'il persiste à résister à cette funeste influence, il devient souvent la victime du misérable auquel il est accouplé... L'accouplement est une gêne inutile, un châtiment barbare.»

On comprend alors combien les détenus apprécient, comme prix de leur bonne conduite, la dispense de l'accouplement. Le condamné est placé en «demi-chaîne». Les fers qui l'associent à un compagnon sont rompus; le bout libre de sa moitié de chaîne se relève jusqu'à la ceinture, où elle reste fixée. Quelques-uns la cachent sous un large pantalon de toile cherchant à masquer ainsi le signe de leur esclavage.

Une fois accouplé, enchaîné, le forçat n'a qu'une idée : échapper à cette laisse de fer qui le maintient et prouve sa terrible condition. Mais comment s'en débarrasser lorsque, chaque matin, on doit présenter sa jambe au rondier. Celui-ci frappe du marteau la manille et les chaînes, et à la note qu'elles donnent, il sait si la lime a mordu le fer. Il sent, au toucher du marteau, si l'anneau qui unit deux coupables contient de l'alliage ou s'il est rogné et n'a pas son poids égal.

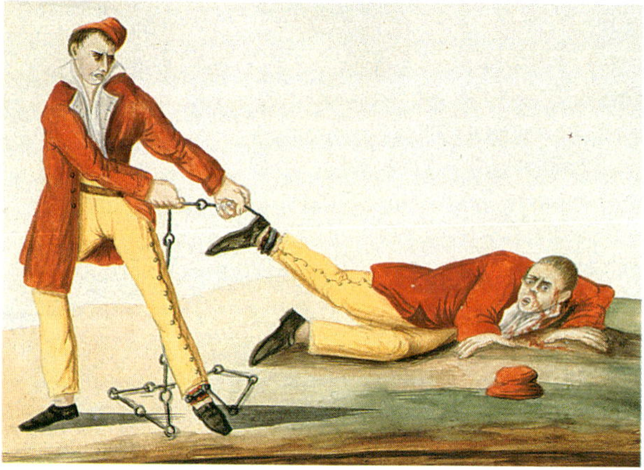

Le bagne est un univers où la solitude n'est pas concevable. L'accouplement, le travail de la grande fatigue, le dortoir, tout relève d'une volonté de ne jamais laisser le condamné livré à lui-même. Cette permanente promiscuité facilite haine, violence et jalousie, tous sentiments dont joue l'administration pour surveiller les hommes punis.

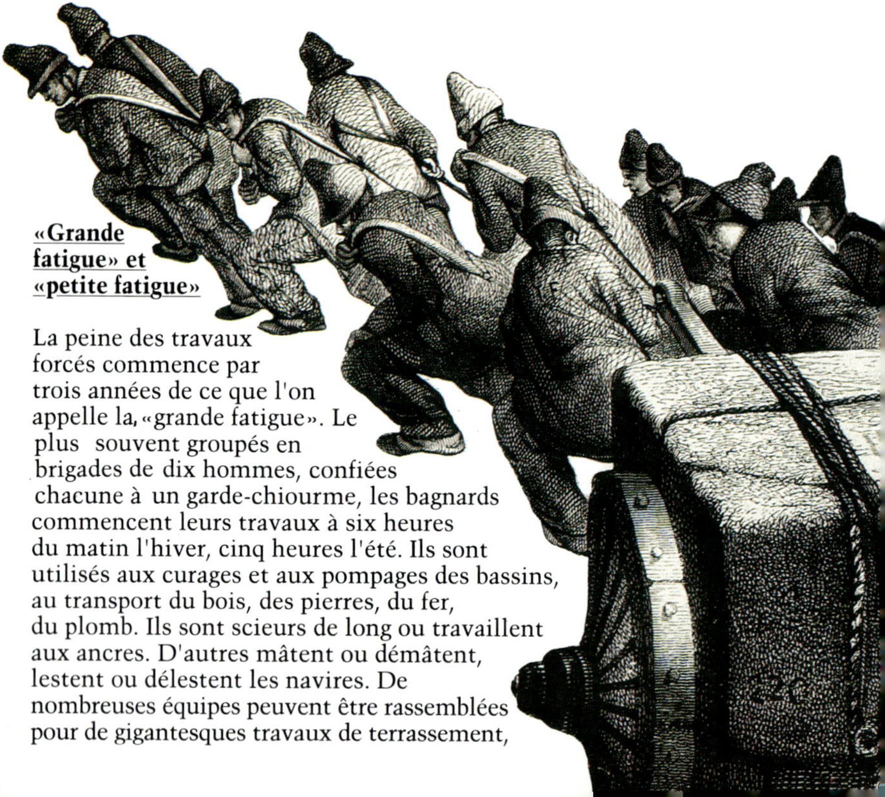

«Grande fatigue» et «petite fatigue»

La peine des travaux forcés commence par trois années de ce que l'on appelle la «grande fatigue». Le plus souvent groupés en brigades de dix hommes, confiées chacune à un garde-chiourme, les bagnards commencent leurs travaux à six heures du matin l'hiver, cinq heures l'été. Ils sont utilisés aux curages et aux pompages des bassins, au transport du bois, des pierres, du fer, du plomb. Ils sont scieurs de long ou travaillent aux ancres. D'autres mâtent ou démâtent, lestent ou délestent les navires. De nombreuses équipes peuvent être rassemblées pour de gigantesques travaux de terrassement,

de creusement, de construction en pierres de taille. Un témoin raconte : «Observez ce troupeau de travailleurs, ces visages humides de sueur, cette soif ardente qui s'étanche fréquemment au bidon commun. Songez que pendant les dix heures du travail, l'homme a été souvent exposé dans le même jour à l'action d'une atmosphère humide, à un soleil ardent, à des pluies glaciales, qu'il se repose à peine quelques moments, puis reprend l'ouvrage à ciel découvert quelque temps qu'il fasse. Placez sur un autre point les forçats au nombre de vingt dans de lourds bateaux désignés improprement sous le nom de chaloupes, et qui sont de la force des grandes embarcations connues sur les fleuves sous le nom de coches. Exposez, au moment des plus gros temps, à la force des vents et des flots, ces embarcations fortement chargées, qui n'ont pour auxiliaires de manœuvre que les rames, pour matelots que les condamnés. Transformez encore un moment le forçat

❝Le dessin que nous avons donné [à gauche] prouve que la fatigue n'est point au bagne un de ces effets de théâtre qui font illusion sur l'emploi des bras. Jules Noël, auteur de ce sujet, a cru sa probité d'artiste engagée à peindre sur les lieux mêmes la nature et les hommes exceptionnels dont je voulais avoir le calque et les types.[...] Toutes ses compositions, reflets de la vie du bagne, sont des arguments irrécusables, et l'épisode *la grande fatigue*, le lieu de la scène, connu de tous ceux qui ont visité Brest, témoignent de l'application de la peine dans toute sa rigueur. Sur ce plan escarpé où roule la masse de pierre, si un seul des travailleurs faiblissait ou lâchait pied, il y aurait péril pour tous, et, au retour, le camarade d'attelage qui aurait compromis la sûreté des autres ferait l'épreuve d'un des nombreux moyens que le forçat tient en réserve pour la haine particulière et pour la vengeance collective. [...] Ailleurs, c'est un armement ou un désarmement de navire qu'il faut opérer, des gueuses qu'il faut placer pour lest, des caronades qu'il faut embarquer ou débarquer, des mâtures qu'on remplace.❞

Maurice Alhoy,
Histoire des bagnes

Les forçats qui travaillent pour la direction des Constructions navales manipulent des pièces de bois, vident les bassins de carénage ou exercent le métier de scieurs de long.

en bête de trait, et qu'il tire à grands coups de collier les bois de mâture ou de construction... et quand vous aurez vu la somme de force musculaire dépensée à ce travail, auquel on emploie d'ordinaire, sur le littoral des fleuves, les chevaux ou la mécanique, vous ne direz pas que la fatigue ne justifie pas son titre.»

Paillots et chaloupiers, fourgonniers et cantiniers, gardes-bitons et barberos

Le condamné docile, travailleur, peut, après ses années de grande fatigue, prétendre à la «petite fatigue», aux travaux moins pénibles que l'on peut effectuer à chaîne brisée. Les mieux notés, les forçats en fin de peine sont admis à la «salle d'épreuves». Ces «éprouvés» accèdent à une myriade d'emplois : celui de «paillot», d'écrivain employé par l'administration, est le plus recherché. Ils tiennent les registres matricules, réalisent les pièces comptables, rédigent les lettres de leurs compagnons analphabètes. Egalement très courus sont les travaux à l'hôpital ou ceux de «chaloupiers» qui ferrent et déferrent les condamnés. Heureux aussi les cuisiniers appelés «fourgonniers», les «cantiniers» qui distribuent la nourriture, les «gardes-bitons» qui ont pour tâche l'allumage et l'entretien des lanternes, les balayeurs, les coiffeurs surnommés «barberos». Certains travaillent en ville comme jardiniers, peintres, tailleurs, cordonniers... ou professeurs de musique.

Toutes ces tâches sont plus ou moins rémunérées. Une réglementation de 1819 précise que les forçats «à la fatigue» ne reçoivent pas de gratification sauf travail d'exception.

“Raimbault [à gauche] était balayeur au bagne. Eh quoi ! va-t-on s'écrier, un bon curé est réduit à balayer les ruisseaux de la cour du bagne ? Quelle métamorphose ! Ne vous y méprenez pas. Ce poste est envié par les vieux fagots comme le chapeau de cardinal par nos modernes et vieux prélats.”

Pierre Zaccone,
Histoire des bagnes

Mais «ceux qui sont employés comme journaliers dans les hôpitaux, magasins, chantiers et ateliers» peuvent recevoir un salaire qui ne doit jamais dépasser le sixième de celui qui revient à un ouvrier libre effectuant un travail comparable. A partir de 1829 (1822 à Toulon), ces forçats reçoivent en sus un pécule égal à un tiers de leur solde. Pécule qu'ils ne peuvent toucher qu'au moment de leur libération pour faciliter leur réinsertion. Cette mesure ne concerne bien sûr que les bonnets rouges, les forçats à temps, et non les bonnets verts condamnés à perpétuité. A cet argent peuvent s'ajouter les revenus de la vente de menus objets confectionnés pendant les heures de repos et dont sont friands visiteurs et bourgeois de Brest, de Toulon ou de Rochefort. Le bois, la paille, la corne, l'os sont les matières premières de ces œuvres : tabatières, pipes, objets de piété, paniers.

Sous l'œil, le fusil et le gourdin des cômes, argousins et autres gardes-chiourme

Par tradition, par héritage de la suppression en 1748, du corps des galères, l'administration des bagnes relève de la Marine. Chaque bagne est dirigé par un «commissaire des chiourmes». Il a la haute main sur l'accueil, la répartition, la discipline et le travail des forçats dans son établissement. Pour le seconder, un agent comptable gère le quotidien. Il pourvoit à l'immatriculation, au ferrement, à l'habillement, au couchage et à la nourriture. L'exécution des travaux lui incombe, tout comme la comptabilité et la tenue rigoureuse du pécule des condamnés.

Pendant des décennies, la surveillance est assurée par des hommes dont les noms gardent la marque du temps des galères. On les appelle cômes (ou comites), ils sont secondés par des sous-cômes de proue ou de misaine qui surveillent les salles comme auparavant ils veillaient à la bonne marche des navires en tant que maîtres d'équipage. Argousins et sous-argousins ont la garde des fers des condamnés, quant aux pertuisaniers, ils les escortent sur les lieux de travail.

En 1794, les compagnies de pertuisaniers sont supprimées et remplacées par celles de «gardes-chiourme». A Brest ils sont trois cent vingt en quatre compagnies de deux escouades chacune.

Les surveillants du bagne ne reçoivent leur organisation définitive qu'en 1820, lorsque est précisé un *Règlement du roi sur les agents de surveillance des chiourmes*. Désormais ils ne forment plus qu'un seul corps avec une hiérarchie précise et «sont destinés à la garde, surveillance et direction des forçats dans l'intérieur du bagne, sur les travaux et dans les ateliers». Leur réputation est souvent effroyable, au point que l'historien des prisons Maurice Alhoy, qui écrit sur les bagnes en 1845, affirme : «Pendant longtemps on put croire

❝Le mépris qui semble devoir peser sur le criminel se retire de lui quand il est victime, pour se porter sur le garde qui le frappe ou le rudoie; c'est ainsi qu'il faut expliquer cette antipathie profonde qu'éprouve pour les gardes-chiourme la population des ports de mer.❞

Maurice Alhoy,
Histoire des bagnes

que les bourreaux, dispersés par la Révolution, avaient trouvé une terre hospitalière dans nos ports de mer, et qu'ils reparaissaient sous le nom de gardes-chiourme.» D'autres témoins évoquent la négligence, les trafics, l'abus d'alcool, les habitudes de débauche de ce corps de surveillants. Jugements parfois confirmés par les archives – mais tous ne méritent pas un tel excès d'indignité – et le commissaire Gleizes, qui commande le bagne de Brest de 1838 à 1848, souligne : «On ne saurait faire assez l'éloge de cette classe précieuse de serviteurs, placés continuellement jour et nuit au milieu d'une foule de condamnés souvent difficile à conduire.»

Vidocq, le truand devenu chef de la Sûreté

Le bagne a ses vedettes, ses condamnés célèbres pour leur génie du mal ou la sauvagerie de leurs crimes. On se déplace de loin pour les voir, les croiser sous l'uniforme infamant du forçat. Certains deviennent héros de roman, tel Vidocq, qui fascina Balzac et Hugo.

François Vidocq, né à Arras en 1775, mène une adolescence en rupture avec les lois de la société et profite de l'ère

révolutionnaire pour suivre une vie aventureuse. En 1797, le tribunal de Douai le condamne à huit ans de bagne pour «faux en écritures». Un mois plus tard, il s'évade pour être repris de nouveau et rejouer la fille de l'air quelques semaines plus tard… Après mille péripéties qu'il relate dans ses *Mémoires*, il est à nouveau appréhendé par la maréchaussée et se retrouve au bagne de Toulon. Bien évidemment il s'en affranchit et, tout aussi logiquement, est bientôt repris. Las de cet éternel va-et-vient, il propose ses talents et sa connaissance des bas-fonds au chef de la division de police judiciaire de la préfecture de police de Paris que Bonaparte vient de créer. Il est accepté et fait merveille dans ses nouvelles fonctions. Ses bons et loyaux services le font nommer chef de la Sûreté en 1832. Après une existence bien remplie, il meurt en 1848, à l'âge vénérable de 73 ans, non sans avoir écrit des ouvrages dont on retiendra ce titre paru en 1830 : *Le para-voleur ou l'art de se conduire prudemment en tout pays et d'éviter les pièges de toutes espèces*

Vidocq devenant chef de la police, Coignard se faisant passer pour un noble ou Collet pour un évêque, le XIXe siècle à ses débuts semble favoriser à plaisir un jeu de masques. Signe d'une société bouleversée par les grandes mutations de la Révolution et de l'Empire où les déclassés sont nombreux, où les puissants d'un jour sont les proscrits du lendemain. Ces hommes transgressent les barrières sociales et inspirent les grands romanciers : Balzac, Hugo, Lamartine, Dumas et Sue.

que tendent aux personnes honnêtes et faciles les chenapans, escrocs, filous et voleurs.

Pierre Coignard, alias comte André Pontis de Saint-Hélène

Tout comme le jeune Vidocq, Coignard laisse libre cours à sa nature rebelle. Larcins et vols le font condamner en 1801 à seize ans de travaux forcés par le tribunal de la Seine. Après quatre ans de bagne à Toulon, il s'évade en 1805 et, passant les Pyrénées, retrouve en Espagne son frère Louis, lui-même évadé du bagne de Brest. A la tête d'un groupe de brigands, Coignard multiplie les délits avant de profiter de la guerre qui ravage bientôt son pays d'adoption. Ayant pris le nom d'un officier décédé, il se fait appeler André de Pontis, royaliste français échappé des prisons de Bonaparte.

Bon militaire aux convictions fluctuantes, il lutte d'abord contre les troupes napoléoniennes entrées en Espagne puis se range sous leur bannière. Plusieurs fois blessé, il prend du grade avant d'être fait chevalier de la Légion d'honneur en 1814. Rallié aux Bourbons après l'abdication de Napoléon, il parvient au titre de lieutenant-colonel de la Légion de la Seine. Mais, en mai 1819, lors d'une parade, il est reconnu par un ancien compagnon de chaîne qui le dénonce à la police. Il est condamné à la peine des travaux forcés à perpétuité et meurt en 1834 au bagne de Brest, entouré du respect de ses gardiens.

❝La construction des caches aux évasions a donné lieu dans les bagnes à une industrie contre laquelle l'administration sévit avec rigueur. Il y a une classe de condamnés qui, moins aiguillonnée par l'amour de la liberté, ou meilleure logicienne que la nombreuse classe de ceux qui s'échappent sans calculer les probabilités de la capture, se contente de protéger, moyennant une prime, ceux qui veulent courir les chances de la fuite.❞

Maurice Alhoy, *Histoire des bagnes*

Anthelme Collet ou la passion de l'escroquerie

Certaines caches aux évasions étaient creusées dans la terre à l'extérieur des bâtiments au fil des mois. D'autres étaient aménagées derrière des bois de mâture dans les entrepôts des arsenaux. A gauche, le célèbre Anthelme Collet.

En préface à ses *Mémoires* publiés en 1836, ce forçat de Rochefort écrit : «Un jour j'écoutai mes passions, je devins criminel en secret, et de ce jour, je me suis familiarisé avec le crime. J'ai tâté des grandeurs.[...] Tantôt simple lévite, tantôt évêque, puis général-inspecteur, j'ai souillé le sanctuaire, déshonoré l'épée, exploitant sous le camail la bourse des fidèles, ravageant les caisses de l'Etat sous l'habit brodé et le cordon rouge; je me suis assis à la table des sommités ecclésiastiques; j'ai reçu l'encens des dignitaires tant de l'ordre militaire que de l'ordre civil; tous ont été mes dupes, même un cardinal[...]. L'or et les décorations, je les ai prodigués à pleines mains; et c'est après avoir passé par ces phases brillantes que Collet est tombé dans un bagne, avec des fers, sur un lit de camp, entouré de criminels comme lui. O lecteur! quelle vie de souffrances est la mienne, remords cuisants, tourments de l'âme, anxiétés de l'esprit, j'ai tout souffert, tout enduré pour satisfaire mon insatiable ambition.»

Sur un ton grandiloquent et non sans quelque mythomanie, Anthelme Collet résume une vie d'adulte commencée sous l'uniforme de l'armée d'Italie en 1804, à l'âge de 19 ans. Déserteur, il est repris et condamné à sept ans de travaux forcés. Il s'évade, survit d'escroqueries sous l'habit ecclésiastique ou militaire. Il est de nouveau condamné, de nouveau enfermé au bagne de Toulon de 1813 à 1818. Libéré, il retrouve ses mauvais penchants et ses talents pour tromper son prochain. La justice le récupère en 1821 et l'envoie au bagne pour vingt ans. Il meurt à Rochefort en 1840, quelques jours seulement avant sa libération.

Ce dessin – qui représente l'évasion de trois condamnés, dans la salle Saint-Gilles, le 28 décembre 1840 – est l'œuvre du forçat Clément. Celui-ci subit sa peine à Rochefort dans les années 1840. Il nous a laissé un manuscrit relatant la vie des hôtes de ce bagne, illustré d'une multitude de peintures savoureuses. Pierre Zaccone, historien des bagnes du XIXe siècle, les commente : « Ces dessins seuls sont tout un monde... Sous la naïveté du pinceau de l'artiste, on sent la vérité du tableau qu'il retrace; c'est une main criminelle qui a dessiné ces scènes poignantes... main de faussaire ou d'assassin... et il est difficile souvent, dans l'impression que l'on éprouve, de démêler celle qui vient de l'artiste et celle qui vient du forçat.»

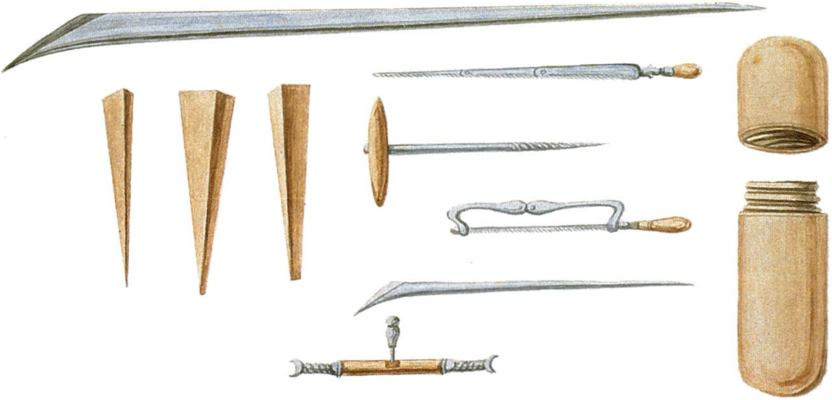

La panoplie idéale d'un forçat rêvant de s'évader est constituée du «plan» et de petits outils : vrille pour percer, petite pince de poche, scie à main, vis de pression pour écarter les barreaux de fer, etc.

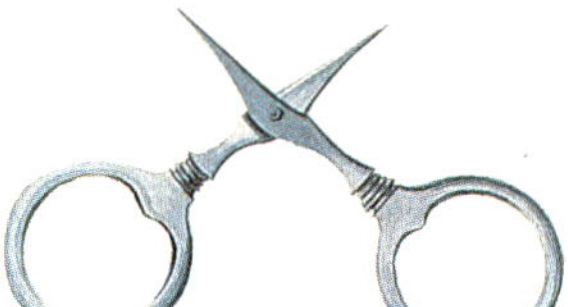

Le rêve à la portée de tous : l'évasion réussie, la belle et ses multiples visages

Le courage, l'imagination, l'astuce, la force. Il faut toutes les qualités humaines pour s'évader du bagne. Le candidat à l'évasion doit franchir un quadruple obstacle : se déferrer ou cacher sa chaîne sous une tenue adéquate, quitter l'enceinte du port, franchir les limites de la ville et se faire oublier en France ou à l'étranger. A Brest, toute évasion est annoncée par deux coups de canon que les paysans des environs prennent bientôt pour habitude d'appeler le «tonnerre de Brest».

On s'évade plus facilement de l'hôpital et des chantiers que des dortoirs de détention, même si certains tentent parfois de creuser des tunnels menant des bâtiments où ils sont enfermés à la liberté hors les murs. Le plus fréquent est de se déguiser pour franchir les portes, de profiter d'échafaudages, de se glisser par des cordes le long des remparts. Il arrive aussi que le candidat à la belle se cache dans une planque préparée à l'avance, sous l'eau, dans le bassin du port, en attendant que la surveillance se relâche… On s'enfuit aussi au-dessus des flots en nageant, ce qui est rarement couronné de

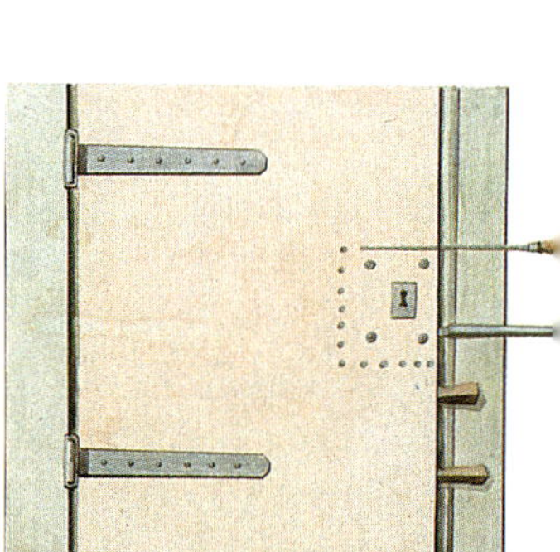

succès, ou en volant un canot à plusieurs, ce qui a plus de chances d'aboutir.

Certains forçats ont l'évasion dans le sang. L'un d'eux, nommé Merlin-Cadet, âgé de 62 ans, en est, au bagne de Brest, à son dix-septième mariage avec la belle. Chaque fois réussi, chaque fois dissous par une nouvelle arrestation... Quant à Gounet, toujours à Brest, il est si maladroit dans ses tentatives qu'il devient courant d'appeler «gounette» tout essai raté, tout échec stupide...

Un condamné repris reçoit la bastonnade et trois années de double chaîne. Si l'évasion s'est accompagnée de voie de faits ou d'assassinat, c'est la mort assurée, qui touche aussi tout condamné s'avisant de porter la main sur un garde-chiourme. Le forçat subit sa peine par pendaison sous l'Ancien Régime puis par la guillotine après la Révolution. L'échafaud est alors dressé dans la cour du bagne. Le condamné s'avance, suivi de son cercueil porté par des pénitents. L'exécution a lieu devant les autres

“Une des évasions de Victor Desbois à Brest justifie l'aphorisme qui promet à l'audace les bonnes grâces de la fortune. Un adjudant se rend dans une des salles du bagne pour faire une inspection; à peine est-il entré, qu'un sosie se présente au factionnaire qui est à la grille, et d'un geste impératif se fait ouvrir; ce sosie est Victor Desbois, qui a eu l'adresse de confectionner en papier un habit d'uniforme semblable à celui que porte le sous-officier; il avait scié sa chaîne, s'était coiffé avec des cheveux de sa fabrique, chaussé proprement, paré de fausses moustaches, presque sous les yeux de celui dont il avait imité si parfaitement le costume, que la liberté fut le prix de ce trait d'effronterie.”

Maurice Alhoy,
Histoire des bagnes

forçats, à genoux, tête nue, le bonnet à la main. A cette occasion, la population a accès au bagne et elle assiste, nombreuse, au macabre spectacle.

L'agonie des bagnes portuaires

Après la Révolution et ses bouleversements, après l'Empire et ses fabuleux rêves de gloire, la France semble se complaire dans les valeurs bourgeoises. La loi, l'ordre, la propriété, l'enrichissement des nantis tiennent lieu de nouveaux horizons. Passé le choc de la révolution de 1830, récupérée par le placide Louis-Philippe, roi des Français, le temps semble venu de profiter des biens de ce monde. Tout au moins pour les possédants.

Reste le lancinant problème des délinquants, des déviants de la loi commune. Et se pose à nouveau la question des lieux d'enfermement. Les bagnes portuaires apparaissent comme des concentrations dangereuses, des pourrissoirs d'où s'exhalent des miasmes susceptibles de corrompre la population saine des ouvriers dociles. En quelques années, la France bourgeoise redécouvre les milliers de forçats des arsenaux et des chantiers de Brest, Toulon et Rochefort. Ils font peur et inquiètent par leur nombre, par leur force potentielle, par leur pernicieuse influence.

En 1846, le baron Portal, ministre de la Marine, remet un rapport en ce sens : «Les forçats atteignent aujourd'hui jusqu'au nombre de onze mille. C'est une charge affreuse pour la Marine. Non seulement, ils coûtent beaucoup mais ils corrompent la population de nos arsenaux. Une commission a été nommée pour examiner s'il n'y aurait pas quelque moyen de les employer à l'intérieur ou de les déporter dans un lieu où l'on pût leur présenter l'espérance d'un meilleur avenir. Jusqu'ici, on n'a pas trouvé de lieu de déportation convenable. Quoi qu'il en soit de ces projets, j'ai fait examiner la situation de ces misérables et il a paru en la comparant avec celle de ces ouvriers qu'on leur avait fait une condition trop douce.»

“Le forçat voleur, faussaire, faux-monnayeur, vit sous la tutelle de la loi, qui semble morte pour lui comme il est mort pour elle, et il peut commettre impunément tous les crimes contre la propriété, il ne court risque que de se voir étendu sur une souche que l'on nomme banc de justice, et frappé par un bras vigoureux d'un nombre de coups de garcette ou corde goudronnée, qui varie de dix à cent; et à moins que le condamné ne joue le jeu du couteau contre son gardien, qu'il ne l'étouffe dans ses bras ou qu'il ne le jette dans les flots, il rachètera tous les crimes par la flagellation.”

Maurice Alhoy, *Histoire des bagnes*

❝Du bagne à l'échafaud, une route est tracée par une double haie d'hommes à vestes rouges ou bigarrées, à genoux et la tête nue. D'une main, ils relèvent les maillons de leur chaîne, rosaire infernal qui pend à la ceinture de cette légion de réprouvés, et de l'autre, ils tiennent bas leur bonnet de laine, divers dans leurs nuances comme le vice dans ses variétés.[…] Bientôt arrive la victime, appuyée sur le bras du vénérable aumônier du bagne. Une bière la suit, escortée par la confrérie de pénitents à la cagoule grise, qui, pendant trois jours, a quêté par la ville le prix des messes pour le repos de l'âme du supplicié. La justice satisfaite, l'échafaud tombe[…], les pénitents se perdent dans la foule, les curieux se dissipent, les hommes du bagne se relèvent, rentrent insouciants dans leur salle, ou vont reprendre machinalement leurs travaux. L'exemple a été terrible; est-il efficace? L'échafaud, qui bientôt reparaît, répond à cette question.❞

Maurice Alhoy,
Histoire des bagnes

Le temps d'un nouvel exil

La grande peur sociale de juin 1848, suivant la révolution de février, ne fait que confirmer les lignes du baron Portal et celles de deux bons bourgeois de Rochefort qui ont écrit en 1845 : «Nous arrivons au moment où ces gens que la société a flétris et bannis de son sein, auraient tous les agréments de la vie, quand d'honnêtes familles d'artisans, presque tous nos cultivateurs, manquent du nécessaire. Si quelque chose doit surprendre depuis longtemps, c'est que

l'on ait maintenu dans ces ports des êtres, qui, à de rares exceptions près, n'aspirent point à leur réhabilitation dans la société.»

Messages entendus par le nouveau maître du pays. En novembre 1850, le prince-président Louis Napoléon donne son assentiment à de nouvelles formes d'enfermement, cette fois hors de France : «Six mille condamnés renfermés dans nos bagnes grèvent le budget d'une charge énorme, se dépravent de plus en plus, et menacent incessamment la

Le bagne de Brest était construit sur la rive gauche de la Penfeld, mais on croisait des forçats dans tous les quartiers de la ville; ainsi à Recouvrance où passaient les corvées, sous la surveillance d'un garde-chiourme.

société. Il me semble possible de rendre la peine des travaux forcés plus efficace, plus moralisatrice, moins dispendieuse et plus humaine en l'utilisant aux progrès de la colonisation française.»

Le sort en est jeté! Les bagnes portuaires n'ont plus que quelques années à vivre. De nouveaux horizons vont s'ouvrir aux condamnés aux travaux forcés. Des horizons lointains, à sept mille kilomètres de la France, en Guyane, qui va devenir terre de bagne pour près d'un siècle.

A partir des années 1840, l'utilité de la main-d'œuvre pénale apparaît peu convaincante. Les grands travaux des ports se terminent, les arsenaux s'équipent en machines à vapeur et recrutent de plus en plus d'ouvriers libres.

CARTE DE L'ENTRÉE DE LA RIVIERE DE KOUROU 175
Par le S. Bellin Ing.r de la Marine.
Carbet ou Village d'Indiens
Echelle d'Une Lieue Marine de France.
Mission et Carbet d'Indiens
Village de Kourou
Eglise
Montagne Chiqui
Crique Chiqui
C. Pimere
Riviere de Kourou
Banc de Sable et de Vase
Crique Maboury
C. Catayrou
Crique Passoura
Marecage
Paletuviers
Coroy ou est l'habitation du Missionaire
Savanes ou Prairies
Carbet d'Indiens
Carbet d'Indiens
Crique Apapina
Riviere Erearou
Paletuviers
Carbet d'Indiens
Riviere de Kourou

Lors des grandes découvertes du XVIe siècle, la Guyane est parfois prise pour la terre du «roi doré», le pays fabuleux d'Eldorado. Les colons qui s'y installent rêvent de faire fortune. Mais ils trouvent un climat difficile et le sol vite épuisé d'une mince bande de terre entre mer et forêt. Alors naît l'idée d'une colonisation forcée...

CHAPITRE II
LA GUYANE, TERRE D'EXIL ET DE MORT

Dans l'imaginaire des graveurs du XIXe siècle, la Guyane est une terre d'animaux monstrueux. Vampires, caïmans, fauves et serpents gigantesques guettent l'homme pour s'en repaître. Déformés, transformés, les récits de brousse et de forêt font oublier qu'on croise plus fréquemment des oiseaux que des reptiles, des papillons que des sauriens.

Découverte et quelque peu explorée à la fin du XVIe siècle par des navigateurs anglais et français, la Guyane devient au siècle suivant une possession française, bien modeste en vérité. Quelques dizaines de colons et quelques milliers d'esclaves noirs y cultivent la canne à sucre, le cacao et une plante tinctoriale, le rocouyer. La colonie végète, attendant un afflux de nouveaux immigrants.

Les premiers proscrits de Cayenne

En 1762, à Versailles, après la désastreuse guerre de Sept Ans et la perte du Canada, de beaux esprits cherchent une terre américaine où se refaire un beau territoire colonial. C'est ainsi que onze mille personnes arrivent en quelques mois sur la côte guyanaise, à Kourou! Attirés par des promesses de richesses inouïes, ces paysans, venus de toute la France et d'Europe centrale, découvrent les marécages, les palétuviers, la forêt proche, les moustiques, les pluies diluviennes et la chaleur moite. Les fièvres ont rapidement raison de sept mille d'entre eux. Daniel Lescallier, vieux Guyanais de souche, se désole : «Le malheureux projet du Kourou perdit de réputation ce pays, son climat et son sol. On n'en parla plus en France qu'avec horreur. Cet effet terrible dure encore.» Dans son *Exposé des moyens de mettre en valeur la Guyane française,*

Révolutionnaire aux convictions inébranlables, Billaud-Varenne (1756-1819) devient membre du Comité de salut public en septembre 1793. Après Thermidor il échappe à la guillotine, mais une commission d'enquête le condamne à la déportation en Guyane. Refusant toute amnistie sous l'Empire, réfugié à Saint-Domingue après 1815, il y mourra en déclarant : «Mes ossements du moins reposeront sur une terre qui veut la liberté.» Lors de son séjour en Guyane, Billaud-Varenne put prendre la mesure d'une économie de plantations fondée sur l'exploitation d'une main-d'œuvre redevenue propriété des colons malgré l'abolition de l'esclavage en 1793.

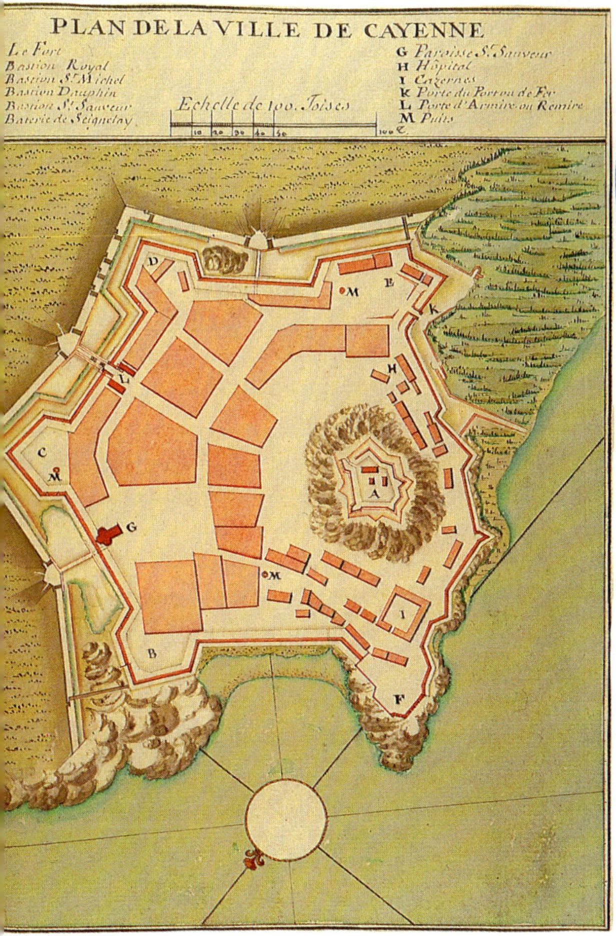

Collot d'Herbois (1750-1796), acteur et dramaturge d'un talent contesté, devient l'un des orateurs les plus populaires de la Révolution. Il entre au Comité de salut public en 1793, en même temps que Billaud-Varenne. Partisan de la Terreur, il réprime sans pitié l'insurrection de Lyon. Lors de la réaction thermidorienne, il est condamné à la déportation en Guyane. Il meurt à Cayenne en 1796. La capitale de la Guyane est alors un point stratégique, un site entre mer et forêt bien protégé de toute attaque extérieure. A la fin du XVIIIe siècle, elle connaît une certaine prospérité, conséquence de l'introduction en Guyane de plantes à épices, giroflier et surtout poivrier implanté à partir de 1771.

il préconise de remplacer les colons libres par des forçats condamnés avec pour but de «faire renaître à la vertu les hommes que des besoins impérieux ou les mauvais exemples ont corrompus».

Ces idées font leur chemin et la période révolutionnaire garde en mémoire la direction de la Guyane. En juillet 1795 débarquent à Cayenne deux anciens révolutionnaires devenus suspects : Billaud-Varenne et Collot d'Herbois. Seize autres suivent en

1791 et trois cent treize (essentiellement des prêtres réfractaires) en 1798. Le Consulat et l'Empire envoient, à leur tour, quelques dizaines de nouveaux proscrits. Il en meurt beaucoup et les survivants écrivent sur les difficultés de survivre aux maladies et aux mauvais traitements. Pourtant, cinquante ans plus tard, une bien plus grande relève embarque dans les ports français pour voguer vers la Guyane. L'Histoire n'est jamais une leçon, surtout lorsque les maîtres changent...

Pichegru (1761-1804), ardent révolutionnaire, préparera un coup d'Etat royaliste sous le Directoire. Il est dénoncé et déporté en Guyane, à Sinnamary (dessin ci-dessus). Il s'évade, puis, de nouveau incarcéré en France, meurt étranglé dans sa prison.

Louis Napoléon Bonaparte désigne la Guyane comme lieu d'expiation

Une fois la décision entérinée de liquider les bagnes portuaires – Rochefort sera fermé dès 1852, Brest en 1858 et Toulon en 1873 –, de savantes commissions rédigent notes et rapports. Elles finissent par conseiller la Guyane comme lieu de déportation, malgré les mauvais souvenirs qui y sont attachés. Il s'agit de sauver une portion de la France ruinée par l'abolition de l'esclavage, de remplacer la main-d'œuvre noire par des forçats blancs, d'évacuer la métropole de ses déchets vers une destination lointaine. Le 31 mars 1852, la frégate *l'Allier* quitte

Brest pour la Guyane; elle débarque aux îles du Salut deux cent quatre-vingt-dix-huit condamnés extraits des bagnes de Brest et de Rochefort, et trois déportés politiques.

Sarda Garriga, commissaire général de la Guyane, les fait recevoir à leur arrivée par «un peloton d'honneur» et leur déclare dans une belle envolée

Sur la frégate *l'Allier*, les forçats ont droit à quelques instants de repos à l'air libre au-dessus des miasmes fétides des grandes cages installées dans les flancs du navire.

lyrique : «J'ai mission de vous faire vivre une vie nouvelle. En France vous êtes des criminels; ici, je ne veux voir que des hommes repentants. Arrivés à Cayenne, je ne vous demanderai que peu de travail pour vous donner le temps de vous acclimater. Ce travail sera pour vous un moyen d'hygiène et de distraction. Plus tard vous sentirez le besoin de n'être pas seuls. Lorsque vous aurez fait un retour sincère à vos bons sentiments, le gouvernement de la France vous enverra vers vos familles. Je marierai les célibataires, et vos enfants, que je m'appliquerai à faire élever dans la pratique de la vertu, feront oublier, par leur bonne conduite, les fautes de leur père.»

Treize mille forçats traversent l'Atlantique

Après le voyage inaugural de *l'Allier*, une noria de convois débarque en Guyane des milliers de condamnés. En dix ans (1852-1862) et une quarantaine de voyages, douze mille sept cent quatre-vingts prisonniers dont trois cent vingt-neuf pour des raisons politiques changent de continent.

Après avoir séjourné à l'Ilet-la-Mère et à l'île Saint-Joseph, les déportés politiques sont rassemblés à l'île du Diable. Peu sensible aux idées républicaines de ces condamnés, le gouverneur de la Guyane hollandaise qui les visite en 1854 note avec malveillance et ironie : «Dans l'île du Diable, la troisième et la moins importante des îles du Salut, on a réuni les déportés politiques français. Ces malheureux, égarés par de dangereux sophismes, méditent, à plus de 1200 lieues de la France, au moyen de créer des gouvernements républicains parfaits. On leur laisse le libre exercice de cette puissance et on dit qu'ils se sont choisi successivement depuis quelques mois six présidents nouveaux. Des myriades de requins errant autour de l'île les empêchent de fuir et le gouvernement leur laisse cette République en miniature tout à leur aise et songe même, dit-on, à leur faire présent d'une imprimerie.» Les archives ne mentionnent pas cette imprimerie mais nous apprennent que, par décision du 15 mars 1855, le gouverneur accorde aux déportés politiques le privilège de porter la barbe...!

Trois mille condamnés sont déjà en Guyane lorsque est votée la loi du 30 mars 1854 qui définit la transportation des condamnés aux travaux forcés hors de la métropole :
«Article 1 : La peine des travaux forcés sera subie, à l'avenir, dans des établissements créés par décrets de l'Empereur, sur le territoire d'une ou de plusieurs possessions françaises autres que l'Algérie.
Article 2 : Les condamnés seront employés aux travaux les plus pénibles de la colonisation et à tous les autres travaux d'utilité publique.»
L'article 4 précise que les femmes condamnées à la transportation «seront séparées des hommes et employées à des travaux en rapport avec leur âge et avec leur sexe».
Dans son sixième article, la loi organise la peine du «doublage» qui fait de l'envoi en Guyane un voyage sans retour : «Tout condamné à moins de huit années de travaux forcés sera tenu, à l'expiration de sa peine, de résider dans la colonie pendant un temps égal à la durée de sa condamnation. Si la peine est de huit années, il sera tenu d'y résider pendant toute sa vie.»

Peu à peu, cette catégorie de condamnés disparaît de Guyane. Amnistiés, évadés ou décédés, ils ne sont plus mentionnés sur les registres en 1866, date à laquelle il ne reste plus qu'un seul condamné : Tribaldi, qui a attenté à la vie de l'empereur en 1857. Sur les trois cent vingt-neuf condamnés qui ont séjourné dans l'île depuis 1852, soixante-seize sont morts, cent soixante dix-sept sont revenus en France, cinquante-huit se sont évadés, dix-sept se sont installés comme libérés. L'île du Diable sert alors de léproserie pour les forçats.

Un taux de mortalité effrayant

Quant aux condamnés de droit commun, aux forçats, ils sont dispersés en plusieurs lieux de la colonie. L'île Royale héberge les plus dangereux, d'autres sont sur des pontons au large de Cayenne, à moins qu'ils ne soient astreints au travail dans les plantations de caféiers de la montagne d'Argent

Les établissements pénitentiaires outre-mer sont placés sous le contrôle du ministère de la Marine et des Colonies. A la création du ministère des Colonies, sous la IIIe République, ils seront gérés par ce dernier. Après leur départ de France, dès leur installation dans les bateaux-cages, les forçats n'ont donc plus à voir avec le ministère de la Justice qui les a condamnés, ni avec celui de l'Intérieur qui les a eus sous sa responsabilité jusqu'au port d'embarquement.

ou utilisés à la création de Saint-Georges sur la rivière Oyapock.

Dès l'origine, la maladie, la malnutrition, l'épuisement physiologique, les épidémies et, parfois, les mauvais traitements font des coupes claires dans les rangs des condamnés. La mortalité devient effrayante. En 1853, elle atteint près de 20 % des prisonniers, 26 % en 1855, 24 % en 1856! Un surveillant militaire écrit à sa famille : «La montagne d'Argent est un bagne comme aux îles du Salut. Tous les jours il meurt deux ou trois condamnés. Dans ce moment-ci ils sont cinq cents; dans trois mois il en manquera la moitié. Ils sont assujettis au travail toute la journée et le soleil est bien plus mauvais qu'à Cayenne.»

Saint-Laurent-du-Maroni, commune pénitentiaire, capitale du bagne

Devant les effrayantes statistiques des premières années de la transportation en Guyane, des fonctionnaires de l'administration pénitentiaire cherchent un lieu qui ne soit pas un futur mouroir. Ils pensent l'avoir trouvé sur la rive orientale du fleuve Maroni, face à la prospère colonie de Guyane hollandaise, face à la ville d'Albina créée et développée par M. Kepler, sujet néerlandais, aidé de familles wurtembergeoises.

C'est ainsi que voit le jour une commune pénitentiaire – dont le nom de Saint-Laurent est justifié à son inauguration, le 21 février 1858, par l'amiral Auguste Laurent Baudin, gouverneur de Guyane.

S'adressant aux transportés rassemblés au bord du Maroni, il leur fait une harangue soigneusement rapportée par les témoins : «Voilà votre patrie [et l'orateur montre la forêt]. Voilà votre propriété... Voilà l'emplacement de votre maison, de votre famille; il faut en prendre résolument votre parti, et faire nécessité de vertu. Il faudra vous donner du mal, arroser cette terre de vos sueurs; mais vous n'aurez pas encore si chaud que votre patron saint Laurent. J'ai tenu à vous le donner pour patron parce que c'est le mien, et que mon père et que mon grand-père s'appelaient Laurent...» Après cette allocution, le gouverneur reçoit des mains d'un transporté bénéficiaire d'une concession de terre une hache enrubannée avec laquelle il frappe deux coups vigoureux sur un arbre au tronc puissant.

A ce signal, quatre autres concessionnaires attaquent ce même tronc à coups de hache. Bientôt l'arbre chancelle et tombe aux applaudissements des

Au large de Cayenne et de Kourou, les Indiens avaient baptisé «îles du diable» les trois îles que l'on aperçoit de la côte. Elles deviennent «îles du Salut» en 1763, lorsqu'elles abritent les survivants d'une meurtrière colonisation tentée à Kourou par des milliers d'immigrants venus d'Europe. La plus grande des îles est appelée Royale, la seconde Saint-Joseph, seule la plus petite conserve son nom original d'île du Diable. C'est dans cet archipel que sont débarqués bon nombre de déportés.

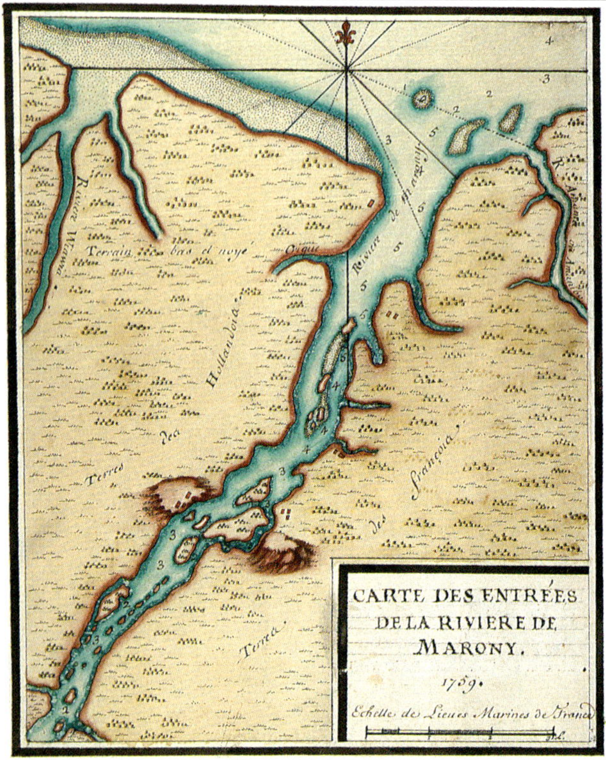

Le Maroni forme la frontière des Guyanes française et hollandaise. C'est sur la rive droite de ce fleuve, long de 625 km, non loin de son embouchure, que s'installent différents camps pour les transportés. On espère qu'à leur libération, ils coloniseront au mieux ces vastes étendues de marécages et de forêts. A la fondation de Saint-Laurent-du-Maroni, quelques familles de Guyanais viennent aussi s'agréger à la population pénale.

assistants qui emportent chacun un éclat de bois comme souvenir de cette journée.

Un échec absolu

Mais, en quelques années, les mirifiques espoirs placés dans cet espace pénitentiaire où des forçats auraient dû se régénérer par le travail s'écroulent comme case rongée par les termites. Certes, en 1866, les statistiques indiquent huit cent quatre-vingt-dix-neuf concessionnaires mâles dont cent cinquante-cinq, mariés en bonne et due forme, ayant engendré cent dix enfants – le premier enfant mâle, né en avril 1862, est prénommé Laurent comme de juste… Au total, mille cent soixante-quatre adultes peuvent être considérés comme nouveaux colons de Maroni. En réalité, cent vingt-six seulement se suffisent à eux-mêmes. Les autres reçoivent encore la ration prévue pour les condamnés en cours de peine.

Femmes et surtout enfants sont souvent malades. La mortalité infantile est élevée et les naissances peu nombreuses. Les résultats agricoles ne sont guère encourageants, les rendements faibles, le matériel inexistant ou vétuste et nul n'est capable de donner aux nouveaux colons des conseils sérieux pour la mise en valeur des terres. L'élevage lui-même, au camp des Hattes, au sud de Saint-Laurent, est un échec. L'un des fondateurs de Saint-Laurent écrit en 1867 : «Aussi qu'arrive-t-il ? C'est que, si la transportation quittait aujourd'hui la Guyane, il ne resterait pas trace, une année après, de son passage dans le pays.»

Et la transportation quitta le pays...

Le flux des rapports, statistiques et synthèses envoyés à Paris effraie les services des ministères. Les taux de mortalité sont par trop inhumains. En 1867, on renonce à envoyer des transportés métropolitains en Guyane. En revanche, la vanne reste ouverte pour les condamnés originaires d'Algérie. Un rapport ne précise-t-il pas que «leur constitution résiste au climat de la colonie, tandis que leur santé s'altère gravement sous l'influence des brusques changements de température, qu'il faut subir pendant la traversée de France à la Nouvelle-Calédonie». Nouvelle-Calédonie, un nom nouveau vient de faire son apparition dans l'atlas des bagnes...

Les espoirs liés à la colonisation pénale font naître de naïves gravures où le condamné libéré de sa peine, repenti et devenu concessionnaire, retrouve une vie honnête. Agriculteur, ayant épousé une femme transportée, père de famille, il retrouve un système de valeurs où le travail et la famille jouent un rôle essentiel. La réalité est loin de ce rêve idyllique. Les condamnés et libérés cherchent bien plus à quitter la Guyane par n'importe quel moyen qu'à la cultiver et à s'y établir.

Septembre 1853 : la France prend possession de la Nouvelle-Calédonie. Dix ans plus tard, en mai 1864, elle y débarque des forçats pour un essai de colonisation pénale, à l'imitation de l'Australie voisine où les navires britanniques déportèrent cent soixante-deux mille convicts de 1788 à 1868.

CHAPITRE III
LES BAGNARDS DES ANTIPODES

A leur arrivée à Nouméa, les premiers forçats sont reçus par le gouverneur Charles Guillain : «Ouvriers de la transportation, vous êtes envoyés en Nouvelle-Calédonie pour participer aux travaux importants à exécuter dans cette colonie, je vous y attendais impatiemment comme des auxiliaires dévoués de cette œuvre et vous ne tromperez pas, je l'espère, la confiance que j'ai en vous.»

Les premiers forçats sont d'abord cantonnés à l'île Nou en face du port de Nouméa, où ils construisent les bâtiments de leur enfermement et un hôpital. Trois ans plus tard, au vu des premiers résultats, la transportation vers la Nouvelle-Calédonie s'organise. La population pénale passe de neuf cent soixante-sept condamnés (en 1867) à neuf mille neuf cent quatre-vingt-dix-sept en 1885.

Des forçats propriétaires et honnêtement mariés

Divisés en quatre classes, les transportés sont employés dans des ateliers, pour la construction

de routes ou autres travaux d'intérêt général. Grâce à leur bonne conduite, d'autres obtiennent des concessions agricoles, ainsi à Bourail. Dans le même temps, le gouvernement prône l'envoi en Nouvelle-Calédonie de femmes enfermées dans les prisons centrales de métropole. Un décret d'août 1878 et une décision ministérielle de janvier 1882 précisent les conditions de mise en concession de terres au profit de condamnés; ceux-ci se voient également offrir la possibilité de se marier s'ils trouvent l'âme sœur parmi les nouvelles venues.

Un témoin, Paul Mimande, rapporte, en 1893, les conditions des premières rencontres entre futurs époux : «Quand un concessionnaire, las de vivre seul, songe à se donner une compagne, il adresse une demande à ses chefs. S'il est bien noté et que

En Nouvelle-Calédonie, comme en Guyane, les tâches de gardien sont assurées par des surveillants militaires dont le recrutement et le statut ont été définis en 1867. Ils sont nommés par le ministère des Colonies parmi les sous-officiers des armées de terre et de mer, à défaut parmi les militaires et les marins ayant au moins trois ans de service.

Le pénitencier de l'île Nou, à quelques encablures de la capitale de la Nouvelle-Calédonie, rassemble les cases des forçats, un quartier cellulaire, des ateliers, des magasins, un hôpital et une caserne pour une compagnie d'infanterie. Ici viennent les proscrits, ceux que les habitants de Nouméa appellent avec dédain les «gens d'en face».

l'administration ait des femmes disponibles, on l'autorise à "faire parloir". Muni de sa permission, il se rend, accompagné d'un surveillant, au couvent où on le met en présence d'un gracieux essaim, plus ou moins nombreux suivant les circonstances. Il regarde, compare, réfléchit et lorsqu'il a fait son choix, désigne à la sœur gardienne l'objet de ses préférences.»

Puis vient le temps des rencontres, des discussions sur des projets d'avenir – en tête à tête, mais avec pour chaperons une religieuse et un surveillant militaire. Enfin s'échangent promesses et doux aveux avant que ne soient célébrées les noces. «Les mariages sont, la plupart du temps, célébrés par séries : j'ai vu dix-huit couples réunis dans la petite salle qui sert de mairie. Chacun attendait, en se tournant les pouces, le moment d'être appelé. Quelques dames n'avaient pas craint d'orner leur corsage de fleurs d'oranger contre lesquelles semblaient protester les dossiers empilés sur la table du magistrat municipal. Dès que les trente-six "Oui, monsieur" eurent été prononcés sur des tonalités diverses, tout le monde s'en alla bras dessus, bras dessous à l'église...»

L'administration pénitentiaire est le plus gros propriétaire foncier de Nouvelle-Calédonie

D'abord limité à l'île Nou, le domaine de l'administration pénitentiaire déborde rapidement de son site d'origine. L'administration s'empare de terres encore disponibles et achète des terrains à des particuliers. En 1882, elle contrôle 31700 hectares et 110000 en 1895! La quasi-totalité des terres fertiles est entre ses mains. Mais, désirant tout faire, tout régenter et produire de tout, les dirigeants du bagne entreprennent trop de tâches diverses, sans rigueur ni ténacité. Au lieu de se limiter aux cultures coloniales, traditionnelles en ces lieux et souvent de bon rapport, telles que café, tabac, quinquina, vanille, etc., ils s'engagent dans des essais et des expériences aléatoires. Lucide, un haut fonctionnaire s'en indigne : «Non seulement, l'administration pénitentiaire a défriché, coupé, labouré, distillé, fait de l'élevage, mais elle a voulu construire des édifices, faire des ponts et des routes, creuser des canaux, fabriquer des vêtements, du cuir, des souliers, des sabots, des chapeaux, des meubles, des voitures, des registres... Les compétences manquant pour diriger ce vaste cycle d'industries

Le bagne de l'île Nou doit subvenir à ses propres besoins. Les forçats fabriquent tuiles et briques, coulent le bronze, forgent le fer ou travaillent dans des ateliers d'habillement.

disparates, morcelées à l'infini, c'étaient les transportés qui étaient leurs propres directeurs, leurs propres contrôleurs, leurs propres maîtres.»

Plus grave encore apparaît le caractère éphémère des mises en concession. La population des bagnes est rarement séduite par ce retour à la terre. Les forçats peuvent obtenir des concessions après quatre années de bonne conduite mais beaucoup ne les

Outre leur travail d'atelier, les bagnards constituent l'essentiel de la main-d'œuvre pour les chantiers de l'archipel. Ils comblent les marais, posent les conduites d'eau, tracent des voies de communication.

Les déportés de la Commune à l'île des Pins doivent construire leurs paillotes de leurs propres mains (à gauche), pratiquement sans outils ni matériaux. Les bâtiments préfabriqués, promis par le ministre en 1872, ne sont jamais arrivés et la plupart des déportés vivent dans des huttes de branchages.

exploitent pas ou les cultivent mal. Une fois libérés, mais ayant encore à subir le «doublage» ou l'obligation de résidence à vie, ils refusent la vie paysanne pour celle, moins monotone, du vagabondage, du vol, de l'existence en bandes – à moins qu'un nouveau délit ne les ramène au bagne de l'île Nou. C'est ainsi que l'on connaît en Nouvelle-Calédonie la bande des Vagabonds de l'anse Vata, la bande des Ravitailleurs qui écume Nouméa et sa proche banlieue. Celles des Rapineurs et des Ecumeurs préfèrent les mines abandonnées, loin de la capitale de l'île.

Les tribunaux réprimant la Commune condamnent à la déportation en Nouvelle-Calédonie des milliers d'hommes et de femmes

Après la «semaine sanglante» de mai 1871 qui fait près de trente mille victimes parmi les Communards, tués les armes à la main ou fusillés sans jugement, les conseils de guerre siègent sans discontinuer pendant des mois. Au printemps 1872, ils peuvent utiliser la loi sur la déportation votée le 13 mars :
« – Article 2 : La presqu'île Ducos dans la Nouvelle-Calédonie est déclarée lieu de déportation dans une enceinte fortifiée.
– Article 3 : L'île des Pins et, en cas d'insuffisance, l'île de Maré, dépendances de la Nouvelle-Calédonie, sont déclarées lieux de déportation simple pour l'exécution de l'article 17 du code pénal.

– Article 4 : Les condamnés dans une enceinte fortifiée jouiront dans la presqu'île Ducos de toute la liberté compatible avec la nécessité d'assurer la garde de leur personne et le maintien de l'ordre. Ils seront soumis à un régime de police et de surveillance déterminé par un règlement d'administration publique qui sera rendu dans un délai de deux mois à partir de la promulgation de la présente loi.

Le Parisien Illustré

En 1878, lorsque *le Parisien illustré* s'intéresse au bagne, la Nouvelle-Calédonie compte 8393 bagnards répartis en quatre classes. Dans la première classe se trouvent les condamnés les mieux notés, candidats à la libération conditionnelle et à l'attribution d'une concession. C'est dans cette catégorie que sont choisis les forçats mis à la disposition des colons libres dont ils deviennent les «garçons de famille». La deuxième classe reçoit des condamnés moins exemplaires mais qui n'ont pas commis de délits graves en cours de peine. La troisième classe est celle des bagnards fraîchement arrivés et la quatrième, celle des incorrigibles, des fortes têtes, des évadés repris.

Ce règlement fixera les conditions sous lesquelles les déportés seront autorisés à circuler dans tout ou partie de la presqu'île, suivant leur nombre, et à s'y occuper de travaux de culture, ou d'industrie, et à y former des établissements provisoires par groupe ou par famille. – Article 5 : Les condamnés à la déportation simple jouiront dans l'île des Pins, et dans l'île de Maré, d'une liberté qui n'aura pour limite que les précautions indispensables pour empêcher les évasions et assurer la sécurité et le bon ordre.»

De mai 1872 à octobre 1878, vingt-deux navires débarquent en Nouvelle-Calédonie quatre mille deux cent quarante-trois déportés, tous pour faits liés à la Commune, sauf quatre-vingt-dix condamnés arabes exilés pour avoir participé à la grande insurrection kabyle de 1871. Parmi les proscrits, quelques hautes figures de la Commune tels Louise Michel, Henri Rochefort, Charles Jourde, Jean Allemane...

Quelques planches pour un cercueil et des couronnes de fleurs sauvages

Sur ces nouveaux arrivants comme sur ceux qui les ont précédés sous la livrée des droits-communs, la mort rôde. La maladie d'abord : phtisie, fièvre

L'envoi des déportés en Nouvelle-Calédonie se fait dans la plus grande précipitation. La loi instituant la déportation est décidée sans même que le gouverneur en soit averti. Les dépêches télégraphiques du ministre de la Marine l'informent de la loi en même temps que part le premier convoi : «Prenez dispositions pour recevoir 1550 déportés en deux mois. J'envoie par Bordeaux matériel d'hôpital, médicaments, outillages et vivres pour 1550 hommes, seize cases en fer, tentes. Pressez les travaux d'installation.» En fait, nul ne sut jamais où disparurent les cases en fer et les outils...

typhoïde, épuisement physiologique. Mais aussi le suicide ou la condamnation à mort. Avant la loi d'amnistie de juillet 1880 permettant leur retour, 10 % des déportés de la Commune trouvent leur dernière demeure en Nouvelle-Calédonie.

Pascal Grousset, déporté à l'île des Pins, rapporte les circonstances de l'ultime chronique d'une mort ordinaire : «Les morts sont fréquentes : elles sont le seul lien qui rattache les déportés les uns aux autres. D'ordinaire, on vit sans joie, isolé, sans distraction; les réunions les plus innocentes sont interdites. Mais quand un déporté, à bout de forces et de volonté, est allé mourir dans la baraque en planches qui sert d'hôpital, toute la proscription se fait un devoir de l'accompagner à sa dernière demeure. Une longue file de huit cents hommes se forme derrière le pauvre cercueil couvert d'un drap blanc et de couronnes de fleurs sauvages. Puis le cortège se met en marche et gravit la montagne. Le cimetière s'étend sur le versant nord, dans un site pittoresque où l'on arrive par un chemin escarpé et sinueux. Au loin en marchant, on aperçoit la ligne des récifs et par-delà, la mer sans limites, et chacun songe à ceux qui sont là-bas, à six mille lieues, et chacun se dit qu'il ne les

Les hasards du destin font de la population de l'île des Pins des vaincus de l'Histoire. On y trouve des Canaques dépossédés de leurs terres, des communards victimes des tribunaux versaillais et des Kabyles, déportés après l'échec du soulèvement de 1871 que la France ne put mater qu'en envoyant 20000 hommes de troupe en Algérie.

Jusqu'en 1900, des Canaques forment un corps de police indigène qui prête main-forte à l'administration pénitentiaire pour rattraper les bagnards en fuite (à gauche). Armés de casse-tête, d'arcs et de longues lances, ils sont d'efficaces chasseurs d'hommes. Les qualités guerrières des Canaques utilisés dans ce cas par les autorités firent aussi d'eux de redoutables adversaires lors de la grande insurrection de 1878 (ci-dessous).

reverra jamais peut-être et qu'il viendra bientôt prendre sa place dans le petit cimetière désert. Le cercueil est placé dans la fosse, un ami dit quelques mots d'adieu; chacun jette sur le mort sa petite fleur rouge. On crie "Vive la République", "Vive la Commune" et tout est dit.»

La grande révolte canaque, «l'apaisement dans la mort»

Par ironie de l'Histoire, les révoltés de la Commune ont à affronter une autre révolte, celle de la grande insurrection canaque de 1878. Un mouvement qui couve depuis longtemps face aux autorités de la Nouvelle-Calédonie dépouillant régulièrement les tribus canaques de leurs terres et de leurs villages. Certains se rangent du côté de l'ordre colonial, ainsi Charles Amouroux, membre de l'Internationale, secrétaire de la Commune, qui pousse le zèle jusqu'à commander trente et un forçats pour faire

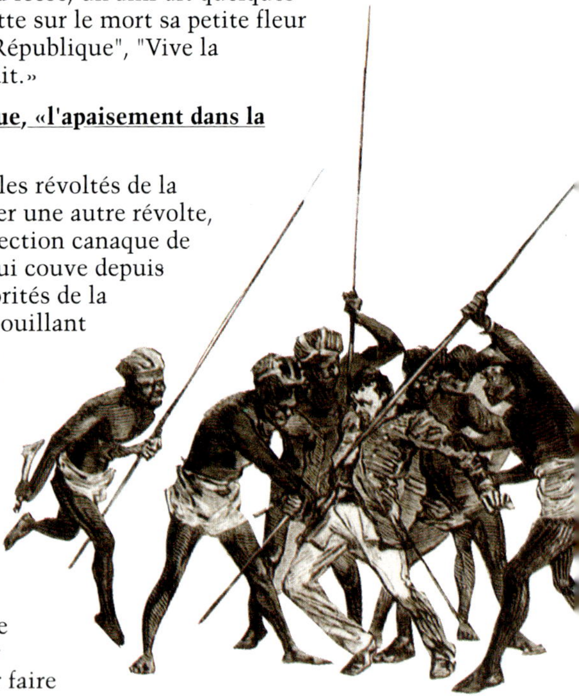

la chasse aux Canaques. D'autres, comme Jean Allemane et Louise Michel, peuvent analyser les raisons de ce soulèvement qui fait des centaines de morts parmi les colons français. Joannès Caton, ouvrier de Saint-Etienne, purgeant une peine de déportation à perpétuité, écrit dans son journal à la date du 20 avril 1879 : «L'insurrection se meurt, la guerre sauvage qui se faisait depuis dix mois est morte. Les derniers Canaques qui résistaient encore ont été tués ou amenés à l'île des Pins. Les chefs Morai, Atai, Baptiste, Pois ont été fusillés ou décapités par leurs frères insulaires et Areki, Moindou et bien d'autres sont captifs près de notre territoire avec tous les survivants de leurs tribus. Leurs terres confisquées vont servir à l'établissement de nouveaux colons s'il s'en trouve encore pour se risquer dans la brousse. L'apaisement s'est fait, mais dans la mort, avec le vide.»

Derniers convois pour la Nouvelle-Calédonie

Les Communards ne sont qu'un intermède dans l'usage pénal que l'on fait de la Nouvelle-Calédonie. Leur rapatriement ne laisse plus dans l'île que des droits-communs, les transportés pour travaux forcés. En 1887, apparaît une nouvelle catégorie de condamnés : les relégués. Petits délinquants multi-récidivistes dont la France de la IIIe République décide, par une loi de 1885, de se débarrasser. Considérés comme la lie des malfaiteurs, ils sont parqués à l'île des Pins à la grande indignation des

La loi sur l'amnistie des déportés est votée le 10 juillet 1880. Elle précise dans son unique article : «Tous les individus condamnés aux événements insurrectionnels de 1870 et 1871 et aux événements insurrectionnels postérieurs seront considérés comme amnistiés, à l'exception des individus condamnés à la peine de mort ou aux travaux forcés pour crimes d'incendie ou d'assassinat [...]. »

colons libres, las de voir leur île servir de dépotoir à la métropole. Ils soutiennent le gouverneur Feillet qui réclame la fermeture du «robinet d'eau sale». Ils ont aussi pour allié Léon Moncelon, délégué de la Nouvelle-Calédonie au Conseil supérieur des colonies, qui écrit en 1896 : «Après trente ans de colonisation pénitentiaire, la Nouvelle-Calédonie n'a pas encore de ponts, pas de jardins, pas de pépinières publiques, les places et les rues de Nouméa sont des cloaques, la ville n'a pas d'égouts, sa caserne d'infanterie laisse aller ses déchets sur la voie publique. Il n'existe ni docks, ni bassins, ni chantiers, ni ateliers de construction ou de réparation… Et la colonie possède douze à quatorze mille travailleurs forcés.»

L'archipel ne remplit pas son rôle de terre de grande punition

Les gouvernants parisiens mettent fin à l'expérience néo-calédonienne. L'éventualité d'un exil aux antipodes

La guillotine de l'île Nou et le bourreau Massé croqués par le peintre de marine Gaston Roullet en 1889.

n'effraie nullement ceux qui transgressent les lois. Malgré l'existence de cellules, de châtiments corporels, d'exécutions capitales, le travail à l'air libre est plus attractif que les prisons centrales de la métropole. On sait le climat sain, les possibilités de trafic importantes et celles d'évasion évidentes – même si le chiffre de belles réussies atteint à peine sept cents cas sur plus de quinze mille condamnés envoyés en Nouvelle-Calédonie de 1864 à 1897.

Puisque l'archipel du Pacifique ne fait plus peur, on rouvre la route de Cayenne. Là-bas au moins, les taux de mortalité sont conséquents et l'épouvantail guyanais pourra peut-être tenir en respect ceux qui voient dans l'exil calédonien un éden pour forçats. En 1897, tout nouvel envoi vers Nouméa est définitivement arrêté. A charge pour ceux qui s'y trouvent d'y finir leurs jours.

En 1898, l'île compte douze mille sept cent trente-deux habitants d'origine pénale, soit la moitié de la population blanche et le quart de la population totale. Une partie d'entre eux fit souche et nombreuses sont les familles d'aujourd'hui, en Nouvelle-Calédonie, qui peuvent revendiquer un ancêtre bagnard.

Presque tout l'effort de la colonisation pénale en Nouvelle-Calédonie porte sur l'île Nou, que l'écrivain Jean Carol décrit en 1902 comme un «non-sens» : «Voici des quais superbes, des appontements, des trottoirs, des tranchées maçonnées en pierre de taille, de véritables chaussées romaines, de nombreux édifices qui semblent bâtis pour des siècles, une belle église, un palais fastueux qui sert de résidence au Commandant, et des routes, des routes partout! [...] Dans cette partie de la colonie, on trouve jusqu'à la superfétation ce dont on est si généralement dépourvu dans l'autre... C'est ici qu'au détriment des grands intérêts qu'elle aurait pu servir, l'administration, en y employant une main-d'œuvre médiocre mais innombrable, a réussi à installer son pénitencier modèle.»

Le chemin de Cayenne s'ouvre de nouveau en 1888, à la fois pour les transportés – condamnés aux travaux forcés – et pour les relégués – relevant des peines définies par la loi de 1885. Cette loi s'applique aux multi-récidivistes, aux petits délinquants, aux vagabonds, aux voleurs de poules, aux pilleurs de troncs. Toute une population qui, selon les honnêtes gens, doit quitter à jamais le sol de la métropole.

CHAPITRE IV
TRANSPORTÉS, RELÉGUÉS ET DÉPORTÉS

Deux fois par an, le bateau-cage relie la France à la Guyane. Il transporte plusieurs centaines de condamnés, parmi lesquels des délinquants primaires, des criminels par passion, des assassins sordides, des proxénètes de métier, des truands par vocation ou des voleurs d'occasion. Une foule souvent résignée marquée par la violence et la misère.

En Guyane, à la fin du XIXe siècle, la population pénale (y compris les libérés astreints à résidence) représente en permanence de cinq mille à six mille individus, dont deux tiers de condamnés en cours de peine. Ces chiffres et pourcentages ne varieront pas. Chaque apport de condamnés nouveaux suffit tout juste à combler les vides dus aux décès et aux évasions. La Guyane reçoit essentiellement des condamnés de métropole, mais aussi de nombreux Maghrébins (20 à 25 % de la population pénale), principalement algériens, condamnés aux travaux forcés par de sévères tribunaux en Afrique du Nord sous administration française.

Les femmes au bagne

L'article 4 de la loi sur l'exécution de la peine des travaux forcés prévoit la transportation des femmes : «Les femmes condamnées aux travaux forcés pourront être conduites dans un des établissements créés aux colonies, elles seront séparées des hommes et employées à des travaux en rapport avec leur âge et leur sexe.»

Les premières arrivent à Saint-Laurent-du-Maroni en 1859. Des centaines d'autres suivent vers la Guyane et vers la Nouvelle-Calédonie. Après 1885, la loi sur la relégation concerne également les femmes. Au total, plus d'un millier d'entre elles (transportées ou reléguées) connaît les rigueurs de l'exil guyanais. Enfermées, sous la surveillance de religieuses, dans un bâtiment construit à cet effet, elles peuvent prétendre à fonder un foyer avec un libéré en cas de bonne conduite. Sous le Second Empire, de nombreux mariages ont lieu. Mais sous la IIIe République, on ne croit plus beaucoup à la régénération par le travail et à la vie paisible d'anciens forçats devenus fermiers. De savantes études prétendent même que les fruits de telles unions ne peuvent être que dangereux.

Aussi la Guyane ne devient-elle qu'un lieu d'expiation où rejeter des femmes sans avenir telles ces deux condamnées parties en 1899. L'une d'entre elles porte comme appréciation dans son dossier : «L'état de dégradation morale où était tombée cette femme ne semble avoir laissé

Après leur départ de métropole, les femmes sont, à leur arrivée en Guyane ou en Nouvelle-Calédonie, prises en charge par les sœurs de l'ordre de Saint-Joseph-de-Cluny. Elles reçoivent une robe de cotonnade «à mille raies», un fichu noir et un chapeau de paille. Leur tâche consiste à confectionner des vêtements à l'usage des transportés.

En un peu moins d'un siècle d'existence (1852-1938), les bagnes coloniaux de Nouvelle-Calédonie et de Guyane concernent près de 100000 condamnés. La Nouvelle-Calédonie en reçoit 31000 de 1864 à 1897 (dont 3800 relégués et plus de 4000 déportés de la Commune). En Guyane arrivent 73000 condamnés – dont 18000 relégués et quelques centaines de déportés politiques sous le Second Empire. Sur ce total, bien peu revoient la mère patrie à l'expiration de leur peine. C'est ainsi que sur un effectif de près de 50000 transportés à la Guyane de 1852 à 1921, à peine 3896 seront rapatriés.

subsister en elle aucun sentiment d'affection. Ses chances d'amendement sont nulles en raison de l'abandon dont elle est l'objet. Subira l'expatriation non sans peine, mais avec résignation. Son séjour aux colonies ne pourra qu'apporter à son état d'esprit et à sa conduite un changement favorable. Si elle est surveillée au point de vue des mœurs, elle peut rendre des services par son travail.» L'autre est ainsi décrite : «Cette femme depuis dix ans est quasi constamment en prison. Elle ne peut compter sur aucun appui, ne possède aucune ressource ni aucun moyen honorable de s'en procurer, elle n'est digne

d'ailleurs d'aucune mesure de faveur. Sa santé est bonne et permet de l'envoyer aux colonies. Elle envisage avec crainte l'éventualité de la relégation et manifeste du repentir. Il y a peu à espérer des promesses de cette femme qui a des antécédents déplorables.»

La grande majorité de ces femmes envoyées en Guyane ne survit que quelques années. Leur espérance de vie en ce lieu ne semble pas avoir dépassé trois à six ans en moyenne. En 1906, le gouvernement suspend l'envoi de femmes en Guyane. L'idée d'en faire des auxiliaires du peuplement de la colonie est définitivement abandonnée.

De Saint-Martin-de-Ré à Saint-Laurent-du-Maroni, le grand voyage d'un continent à l'autre

Après le verdict et un séjour variable en maison centrale, les condamnés sont dirigés vers Saint-Martin-

98. - LA ROCHELLE. - Départ de Forçats pour l'Ile de Ré

de-Ré *via* La Rochelle. Ce premier voyage se fait en chemin de fer, puis un petit vapeur les conduit dans l'île de Ré, vers le pénitencier adapté à ces fonctions de carrefour vers la Guyane. Quinze jours avant le départ, les forçats sont mis au repos, les ateliers fermés, le temps des promenades allongé, la nourriture améliorée. Le médecin du bagne déclare généralement tout le monde apte au voyage.

Vogue la galère...

Le Loire de 1900 à 1915, le *La Martinière* de 1922 à 1938 sont affectés au transport des condamnés. Ils appartiennent à la Société nantaise de navigation, avec laquelle l'Etat signe un accord en 1891. Le *La Martinière* mesure 120 mètres de long, 16 de large et son tirant d'eau est de 10 mètres. Les quatre faux ponts pour huit cages appelées «bagnes» permettent

A l'origine, les convois pour la Guyane partent de Brest, ensuite de Toulon. Sous la IIIe République, ils partent tous de Saint-Martin-de-Ré. Le jour de l'embarquement, les centaines de condamnés, entourés de soldats, baïonnette au canon, franchissent le portail du pénitencier de Saint-Martin et gagnent par une navette de petites chaloupes à vapeur le grand bateau qui attend au large.

Afin d'embarquer en bonne condition physique, les condamnés reçoivent, quinze jours avant le départ, une «ration de forçats en expectative d'embarquement». Le jour venu, ils gagnent leur prison flottante coiffés d'un calot, vêtus d'un pantalon et d'une vareuse de toile, un sac blanc sur l'épaule avec quelques effets personnels et une couverture roulée sur la poitrine.

d'accueillir jusqu'à six cent soixante-dix transportés et relégués. Ils couchent dans des hamacs et ont droit à une promenade quotidienne sur le pont, par groupes et sous haute surveillance. Un réseau de tuyauterie traverse les cages; en cas d'incidents, de bagarres, de murmures de sédition, il suffit d'actionner une simple manette pour faire jaillir sur les récalcitrants et leurs voisins des jets d'eau brûlante. La ration alimentaire est la même que celle des matelots, le quart de vin en moins. Les menus du convoi de février 1930 nous en donnent une idée : pendant le voyage, le déjeuner a été alternativement composé de harengs, de bœuf, de morue accompagnés de pommes, le dîner étant un jour à base de macaronis et de soupe aux légumes, et le lendemain de riz au gras et toujours de soupe aux légumes...

Le voyage dure environ trois semaines, un peu plus lorsque le navire fait escale à Alger pour embarquer les condamnés des tribunaux et des cours d'assises d'Afrique du Nord. Les moments les plus éprouvants viennent avec la chaleur des tropiques. Derrière les parois d'acier chauffées à blanc, les forçats prostrés mangent peu et se gorgent d'eau de tonneaux dans lesquels le médecin du bord fait ajouter un quart de rhum pour atténuer son odeur

Une fois les cages des «bagnes» refermées, les forçats se dispersent dans l'espace réduit où ils vont vivre la traversée à plus de soixante. Venus de toutes les provinces de France, condamnés à des peines différentes pour des crimes ou délits dissemblables, ils se méfient d'instinct les uns des autres. Seules jouent des solidarités régionales qui font se regrouper Corses, Marseillais ou Parisiens. Les clans se forment ainsi que les premiers couples. Les caïds s'arrachent la compagnie et bientôt les faveurs des plus jeunes. Mais les plus entourés sont les bagnards repris, ceux qui réintègrent la Guyane après une évasion ratée. Ils racontent, affabulent, effraient ou rassurent.

de liquide croupi. On ne revit que le matin, lors de la promenade quotidienne sur le pont.

Six mille condamnés entre Oyapock et Maroni

A l'entrée du Maroni, le navire stoppe, attendant le pilote qui, en évitant les bancs de vase, le mène à Saint-Laurent. Deux longs appontements empiètent sur le fleuve, ils ont été charpentés par des bagnards avec des bois guyanais aux noms superbes : wacapou, balata, panacoco, angélique... Après la visite médicale d'hygiène et l'appel, on distribue les sacs de paquetage extraits des cales, parfois rongés par les rats, parfois vides de leur contenu. Puis c'est le débarquement, des civières emportent les malades. Les relégués partent les premiers, sur des chalands, pour leurs baraquements de Saint-Jean-du-

Maroni à dix kilomètres en amont de Saint-Laurent. Puis vient le tour des transportés qui se dirigent en bon ordre vers leur camp aux grands bâtiments entourés de hauts murs.

Toute la ville est dehors pour ces arrivées qui ne surviennent qu'une ou deux fois par an. Il y a là des fonctionnaires coloniaux, métropolitains, antillais et guyanais, des commerçants asiatiques, des condamnés arabes et des Noirs Bonis ou Saramakas, descendants des esclaves marrons, échappés des plantations. Des dizaines de forçats assistent aussi au débarquement des nouveaux; certains titulaires d'une bonne «planque» ont leur uniforme blanc à rayures rouges, propre et bien repassé; d'autres, pieds nus ou dans des savates indescriptibles, leurs vêtements souillés et déchirés, portant des outils sur l'épaule, reviennent de quelque corvée insalubre.

Cent lieux où travailler, mille endroits où mourir

Avec le retour en force des transportés et des relégués, Saint-Laurent est, plus que jamais, la capitale du bagne. Son «grand camp de la transportation» compte mille cinq cents «cases» où les forçats sont enfermés pour

Saint-Laurent-du-Maroni, à première vue, n'a rien d'un enfer. La petite cité est aérée, propre, avec de solides bâtiments officiels, de coquettes villas, un hôpital magnifique. Les rues sont d'une absolue propreté, la main-d'œuvre ne manquant pas pour les corvées de balayage.

Des flancs du navire, les condamnés sortent en une interminable procession. Ils passent devant le petit bâtiment de la compagnie locale de navigation Tanon et rejoignent le camp de la transportation à quelques centaines de mètres du Maroni.

la nuit, livrés au jeu, à la violence, à l'homosexualité. La ville comprend également une mairie, un tribunal, un marché couvert et un vaste hôpital inauguré en 1912. De nombreux camps dépendent de Saint-Laurent : Saint-Maurice et ses plantations de canne à sucre, les Hattes et ses troupeaux, le «nouveau camp» et ses impotents, les camps forestiers de Charvein (créé en 1896) et de Godebert (créé en 1909).

Aux îles du Salut, depuis le Second Empire, les cocotiers ont poussé sur l'île Royale, l'île Saint-Joseph et l'île du Diable. A la fin du XIXe siècle, la vocation de chacune d'entre elles s'est précisée. L'île Royale reste le territoire des bagnards les plus lourdement

condamnés et de ceux dont la célébrité nécessite une surveillance de chaque instant. On y trouve également un grand hôpital, des bâtiments de l'administration, une chapelle et un cimetière pour les femmes et les enfants des surveillants. L'île Saint-Joseph est le domaine de la réclusion avec ses cellules étroites et sombres surmontées de poutrelles à claire-voie et entourées d'un chemin de ronde qui permet de surveiller les condamnés tels des animaux en cage. L'île du Diable, après avoir servi de léproserie, a accueilli le capitaine Dreyfus de 1895 à 1899 et sert

« Au centre, l'île Royale qui domine est le fléau, Saint-Joseph d'un côté, le Diable de l'autre sont les plateaux. Dernière balance de la justice, telles apparaissent les îles du Salut…

de lieu de déportation en enceinte fortifiée. Une vingtaine d'espions, ou supposés tels, y connaissent les rigueurs de l'exil après la Première Guerre mondiale. Juste en face des îles, sur la côte, le pénitencier de Kourou, établissement purement agricole, compte plusieurs annexes rassemblant quelques centaines de condamnés. Si l'établissement principal, dit «des Roches», battu par les vents du large, est très salubre, il n'en est pas de même, pendant des années, des terrains défrichés où les cultures sont difficiles et meurtrières. Mais, après

A vue d'œil, c'est ravissant. C'est vert, bien tenu... On vous affirmerait qu'un opulent casino orne le plateau de Royale, que cela vous semblerait naturel. Décor pour femmes élégantes et leurs ombrelles! ❞

Albert Londres, *Au bagne*

Ile du Diable

Ile de St Joseph
Plateau de la Réclusion

Ile de St Joseph
Logement des Surveillants

Intérieur du camp de St Joseph.

(GUYANE FRANÇAISE) Ile Royale : Le camp de la transportation ; L'Hopital

Architecture pénitentiaire

L'isolement, les difficultés de transport ont limité aux îles du Salut l'utilisation de la brique. Une carrière au cœur de l'île Royale, destinée à constituer une réserve d'eau douce, a fourni les matériaux indispensables au gros œuvre des bâtiments. La roche utilisée – la latérite dure – taillée, laissée à l'état brut, donne une coloration brun rosé à de nombreux édifices. L'hôpital, achevé en 1884, est la construction la plus imposante de l'île. Cette peinture sur toile de 1940 représente l'un de ses côtés avec son grand conduit de cheminée et ses ouvertures sur deux étages. A ce point culminant de l'île fut également construit un nouveau phare, non loin des bâtiments de la transportation où, chaque soir, étaient enfermés les forçats à leur retour de corvée.

1891, il faut obéir aux instructions venues de France, exigeant des économies et demandant au sol guyanais, cultivé par les condamnés, de nourrir la population pénale.

Cayenne, un lieu symbole

En réalité, les forçats ne furent jamais très nombreux à Cayenne. La politique suivie par la IIIe République fut de tenir la capitale de la Guyane à l'écart de la vie pénitentiaire pour ne pas créer de problèmes avec la population locale, peu favorable au côtoiement quotidien avec des forçats en cours de peine. L'hostilité des habitants de Cayenne à l'égard des bagnards ne désarma jamais, tout au moins dans les déclarations et les prises de position. Dans les faits, certains ne sont pas mécontents d'avoir à leur disposition une main-d'œuvre bon marché et un potentiel de manœuvres pour nettoyer et embellir la ville.

Le pénitencier-dépôt de Cayenne est fondé en 1863. C'est un dépôt de condamnés tenus à la disposition des services publics et des particuliers et dont dépendent aussi quelques annexes situées aux environs, tel le chantier forestier de l'Orapu où l'on exploite les bois destinés à la construction ou la fabrication du charbon de bois. Au camp de Remire, on réalise pendant plusieurs années des travaux de terrassement pour la conduite d'eau alimentant Cayenne, d'autres camps sont établis pour construire, réparer et entretenir la route coloniale no 1. En moyenne, le nombre des condamnés présents à Cayenne n'excède pas deux cents personnes, au nombre desquelles on ne saurait oublier les bagnards gardiens du phare de l'Enfant Perdu – îlot qui mérite bien son nom au large de la côte – et les condamnés qui ont épisodiquement peuplé l'Ilet-la-Mère.

La géographie du bagne serait incomplète si l'on ne mentionnait pas les derniers lieux d'expiation créés en 1931 pour recevoir une centaine de condamnés politiques et plus de quatre cents détenus de droit commun provenant d'Indochine, des maisons d'arrêt d'Hanoi, de Saigon et du bagne de Poulo-Condor. Pour utiliser leur force de travail on a mis sur pied

Les camps de Guyane se ressemblent tous : longs bâtiments pour les condamnés, casernement des gardiens, entrepôts. Ces bâtiments sont presque toujours construits en lutte perpétuelle contre la végétation, la forêt ou les terres inondées. A Kourou, au camp des Roches, à Saint-Jean-du-Maroni, domaine des relégués, à Saint-Laurent chez les transportés, un même univers : clairières entourées d'un monde hostile.

des Etablissements pénitentiaires spéciaux (EPS) en amont de Saint-Laurent-du-Maroni : à la Forestière, au Saint-Tigre (sur la rivière Sinnamary) et à Crique-Anguille (près de Cayenne). Le projet, grandiose, est d'employer les condamnés à la construction d'une piste reliant entre eux ces postes situés dans l'hinterland guyanais. Mais dans les premières années de leur arrivée, les condamnés asiatiques sont surtout occupés à aménager leur camp de détention et de travail – tâche terminée en 1934. Alors commence l'exploration du tracé des pistes prévues, mais la forêt ne sera jamais vaincue...

Les cercles de l'enfer : vivre, survivre et travailler

Débarqués du *La Martinière*, les condamnés prennent contact avec les tâches qui vont être les leurs sous la houlette de l'administration pénitentiaire. Celle-ci tient compte des professions des nouveaux arrivants avant de les placer dans tel ou tel service. Les ouvriers d'art vont aux ateliers de travaux de Saint-Laurent, Cayenne, Kourou ou Royale. Les boulangers, comptables, bouchers et tailleurs trouvent aussi à

s'employer. Les manœuvres mal notés partent pour les camps forestiers ou se retrouvent dans les corvées insalubres.

Voilà pour la la théorie. Dans la pratique, des intrigues multiples président à la répartition des forçats. Les places les plus recherchées sont celles de cuisinier, infirmier, magasinier, boulanger – on peut

A Saint-Laurent se rassemblent les transportés pour l'heure de la soupe. La capitale du bagne compte des milliers de pensionnaires. On est bien loin du phare de l'île de l'Enfant Perdu, en face de Cayenne, où veillent deux condamnés. Loin aussi des forçats indochinois, venus du bagne de Poulo-Condor en 1931 pour travailler à une grande piste qui devait traverser la forêt amazonienne du Maroni à l'Oyapock.

parfois se les offrir, contre espèces sonnantes et trébuchantes...

Les véritables travaux forcés

Les travaux les plus durs et les plus meurtriers sont ceux de la route coloniale n°1 entre Cayenne et Saint-Laurent-du-Maroni. On a dit de cette route qu'elle était pavée des crânes de ceux qui l'ont construite et que chaque borne marquait le cadavre d'un surveillant. Le kilomètre 24, endroit marécageux infesté de moustiques, est ainsi entré dans la légende.

Eugène Dieudonné, l'un des comparses de la bande à Bonnot condamné au bagne, décrit ce kilomètre maléfique : «Que j'en ai vu revenir de ce kilomètre 24! Les malheureux emplissaient les hôpitaux, [...] les plus hardis s'évadaient de cette route meurtrière, mais seulement pour revenir au pénitencier de Cayenne. Comme punition le commandant les renvoyait à la route, au "24", pour deux mois, trois mois. Rares étaient ceux qui tenaient longtemps.

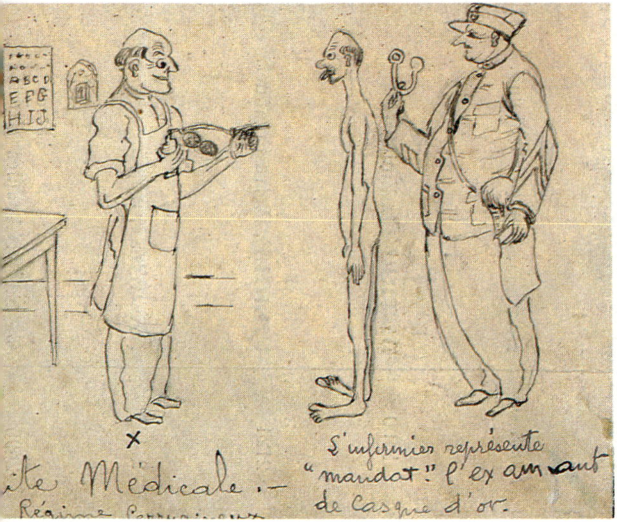

Les tronçons de routes guyanaises sont faits de cadavres.»

Les travaux effectués dans les camps forestiers sont également terribles. A la fin du siècle, il existe douze de ces chantiers, réservés aux fortes têtes, aux incorrigibles. Quatre dépendent de Cayenne, trois de Kourou et cinq de Saint-Laurent-du-Maroni. Les transportés y travaillent à l'abattage et au transport des arbres. Les conditions y sont si effrayantes qu'elles sont même dénoncées par des enquêtes officielles. Dans un rapport de 1903, le procureur général de Guyane dénonce la situation au camp Charvein : «Sur ce chantier, les prescriptions du décret du 4 septembre 1891 portant règlement disciplinaire des établissements de travaux forcés demeuraient complètement lettre morte et l'arbitraire des agents subalternes en service tenait seul lieu de règle dans les punitions prononcées : les fers, la cellule et le cachot étaient appliqués sans mesure et comme au hasard et prolongés pendant des jours et des mois, même pour les infractions les plus légères "pour bavardage par exemple". On avait même fait fabriquer des manilles [des fers spéciaux

Peintures sur toile ou sur bois, graffitis sur les murs, dessins sur des feuilles, le bagne inspire plus d'un témoin. Faut-il préciser que les faussaires sont parmi les plus doués de ces artistes?

qui ont été retrouvés en raison des initiales qu'ils portaient] pour certains condamnés; ces fers, qui étaient ajustés et évidés à l'intérieur, mettaient les malheureux qui y étaient soumis dans l'impossibilité de se mouvoir sur le lit de camp sans que les ferrures entrassent dans les chairs; quelques-uns sont même morts en cellule ou pour mieux dire au cachot [...], les deux pieds aux fers, tels les condamnés Ramdon, Breton, Cabrol, Lecourtie; ce dernier aurait été retrouvé mort dans sa cellule, le corps pendu par les pieds en dehors du lit de camp. [...] Les condamnés brutalisés, martyrisés par certains surveillants étaient en outre frappés odieusement par les contremaîtres de discipline qui, investis de la confiance des surveillants et constamment porteurs de grands sabres d'abattis, de gourdins et de poignards, frappaient les condamnés, quelquefois sans autre raison que la satisfaction de leurs rancunes particulières, leur occasionnant de très graves blessures : poignets abattus, doigts abattus, pavillon de l'oreille droite aux deux tiers enlevé, etc. Enfin, de véritables assassinats ou tentatives d'assassinats ont été commis par des surveillants.»

Le chemin des bambous

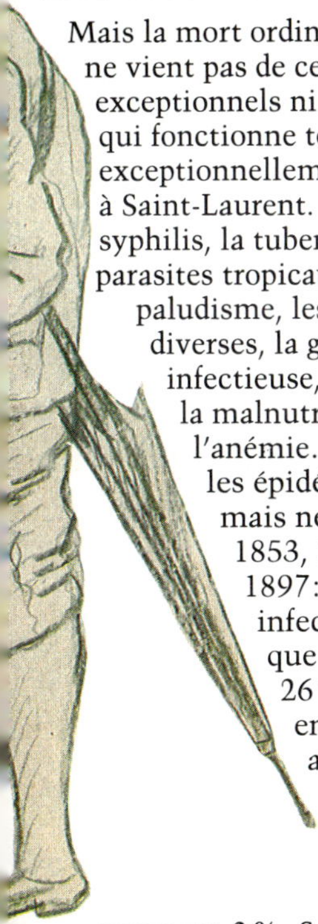

Mais la mort ordinaire au bagne ne vient pas de ces cas exceptionnels ni de la guillotine qui fonctionne tout aussi exceptionnellement à Royale ou à Saint-Laurent. La mort c'est la syphilis, la tuberculose, les parasites tropicaux, le paludisme, les fièvres diverses, la grippe infectieuse, la dysenterie, la malnutrition, l'anémie... sans compter les épidémies. Ces dernières se suivent mais ne se ressemblent pas toujours. 1853, 1855 et 1856: fièvre jaune; 1897: typhus; 1918: grippe infectieuse. Rien d'étonnant à ce que les taux de mortalité atteignent 26% en 1856, 16% en 1902, 10% en 1909. Le taux de mortalité annuel chez les bagnards avoisine 7% (300 à 400 morts en moyenne dans l'année) alors que ce taux, pour la population civile, dépasse rarement 2%. Selon le lieu où la mort les surprend, les forçats n'ont pas la même sépulture.

Sous la férule de gardiens qui n'ont pas toujours le ridicule du dénommé Lecerf ici «croqué» par un forçat, les camps forestiers sont l'enfer du bagne. Les corps nus qui attendent la visite médicale à Charvein disent assez la misère de ces chantiers maudits. Ci-dessus, les locaux disciplinaires de Saint-Jean-du-Maroni.

En forêt, un trou rapidement creusé en bordure du camp recueille la dépouille. A Cayenne et à Saint-Laurent, ils ont droit à un vrai cimetière, les «bambous». Lorsqu'un bagnard meurt, deux forçats et un surveillant viennent chercher le cadavre placé dans un cercueil de bois blanc aux planches sommairement clouées. La bière est chargée sur une petite charrette à bras dont les brancards sont tirés par l'un des croque-morts à tenue rayée, alors que l'autre pousse à l'une des roues. Ils traversent la ville dans l'indifférence générale. La mort d'un forçat est un spectacle trop quotidien pour susciter l'intérêt des passants.

Aux îles, les corps des bagnards sont immergés au large de l'île Royale, dans un linceul lesté d'un poids, et livrés aux dents des requins...

On racontait aux îles du Salut que les requins accouraient entre Royale et Saint-Joseph, où on immergeait les cadavres des bagnards, au simple tintement de la cloche annonçant le terrible rituel.

Même lorsque tu ne viens pas, c'est toi qu'on adore, la belle!

L'évasion, la belle, la cavale. Dès le départ de Saint-Martin-de-Ré et même avant, à l'énoncé du verdict, chacun veut y croire. Pour beaucoup, la Guyane représente une formidable chance d'évasion, bien plus que l'enfermement en maison centrale. Les chiffres donnent souvent raison à ce fol espoir. Entre 1922 et 1936, le nombre des évadés non réintégrés atteint mille trois cent dix condamnés (transportés, relégués ou libérés astreints à résidence). La plupart du temps, les évasions ont lieu pendant les premiers mois du séjour, lorsque les condamnés ne sont pas encore usés par l'atmosphère débilitante du bagne...

L'océan constitue la voie royale de l'évasion. Vers l'ouest les évadés peuvent espérer atteindre les Guyanes hollandaise et britannique, Trinidad et Tobago, et surtout le Venezuela. Par l'est, les côtes brésiliennes sont accessibles. La route occidentale est la plus fréquentée; courants et vents dominants

« Les bagnes de Guyane sont essentiellement des charniers où, s'alliant à la syphilis et à la tuberculose, tous les parasites tropicaux deviennent les auxiliaires les plus sûrs d'une administration dont le rôle est de regarder fondre les effectifs qui lui sont confiés. »

Docteur Louis Rousseau

Dans les statistiques, la mention «évadés et disparus» laisse toujours planer le doute sur le succès d'une évasion. L'administration sait seulement que tel matricule n'a plus reparu au bagne. Certaines années, on enregistre des chiffres d'évasion records. Ainsi en 1898 : 161 évadés non réintégrés pour 743 tentatives; 1906 : 250 pour 879; 1911 : 225 pour 777. Il y eut aussi de basses eaux : 16 évasions en 1934, 9 en 1936. Parmi les évadés de 1927 figure Eugène Dieudonné, proche de la bande à Bonnot, qui parvient à gagner le Brésil et dont Albert Londres arrache la grâce.

permettent d'atteindre des terres de liberté. Les candidats à l'évasion achètent ou volent un grand canot, qui est caché dans une crique en attendant le jour favorable. Le mât, dont on prépare l'emplacement à l'avance, est fait d'un tronc d'arbre taillé à cet effet, la voile latine est cousue dans des sacs de farine.

Eugène Dieudonné a rapporté les conditions de certaines de ces évasions : «C'est Pochauvier et six camarades qui chavirent en pleine mer. Ils nagent vers la côte pendant sept heures. Une chaloupe de la Pénitentiaire les recueille. C'est Planet avec cinq compagnons dont le canot se retourne en sortant du fleuve Maroni à la bouée du nord, et qui, pour ne pas être repris vivant,

(GUYANE FRANÇAISE) Au clair de lune a Sinamary, des forç

La pirogue est le seul moyen permettant véritablement de tenter la belle. Nombreuses sont les grandes figures de l'histoire du crime qui s'échappèrent de Guyane la nuit, vers l'embouchure de ses fleuves, vers l'océan. «Bougrat, parti de Saint-Laurent, est maintenant un médecin considéré au Venezuela; Taillefer qui attaqua le fourgon postal Bordeaux-Sète s'est enfui après un an; Sanse et Marchetti, qui attaquèrent un percepteur de Sète et tuèrent le chef de la Sûreté, ne sont restés que vingt-huit jours en Guyane; Lucien Tissier, les frères Allard, Cocard, toute la bande de la Villette, se sont évadés au bout de six mois; Lévy, condamné à mort, commué en perpétuité, fait un an de bagne et "se tire"; Castelli et ses complices restent quarante-cinq jours. Et combien d'autres ont réussi, dont les noms ne vous diraient rien.»

Témoignage recueilli par le journaliste Marius Larique en 1931 s'ouvre le ventre et disparaît au fond de la mer. C'est Blanc, avec les sept évadés dont il est le pilote, qui fait échouer son canot sur les côtes de la Guyane anglaise, au Nikiri, banc de vase appelé le "banc des Français" en raison des nombreux naufrages d'évadés à cet endroit. Blanc, pilote, ne sait pas nager. Il se noie avec un autre. Mais six des naufragés se sauvent. L'un deux, pourtant épuisé, retourne chercher un camarade qui coulait. Plus heureux, Cottet emmena dans le canot du passeur de Kourou cinq compagnons de case. Ni les uns ni les autres n'avaient jamais tenu une barre ni gréé une voile. Cottet se chargea de tout, tint bon dans plusieurs tempêtes et, au bout de quinze jours de navigation, entra comme un marin consommé dans les bouches de l'Orénoque.»

Avec les tempêtes, les pires ennemis des évadés en mer sont les bancs de vase où s'échouent les pirogues et où s'enlisent les hommes, à proximité des rivages.

Après le bagne, toujours la Guyane, l'impossible libération

«Enfin, le 8 septembre 1924, je sortis libéré. On me donna comme linge un bourgeron et un pantalon... Le tout rentre dans une main, sans chemise, un grand chapeau de paille et une paire de souliers bas. Et on me mit dehors à 8 h du matin, sans travail, sans savoir où aller manger à midi, ni le soir pour coucher, sans un sou dans la poche, après avoir fait treize ans de bagne.» Ce témoignage du transporté Victor Sicard explique le dénuement, le désarroi des libérés sans avenir ni espoir. Chaque année, l'administration pénitentiaire libère des dizaines de forçats qui ont terminé leur peine. Cependant, ils doivent rester en Guyane du fait du doublage.

«Que font-ils ? D'abord ils font pitié, ensuite ils ne font rien», écrit Albert Londres. La Guyane n'a ni industries ni grandes propriétés agricoles pour employer cette masse sans travail à qui il est interdit de quitter la colonie sous peine d'être accusée d'évasion et de retrouver le bagne pour une peine de deux à cinq ans de travaux forcés.

Rien d'étonnant à ce que l'un d'entre eux s'adresse en ces termes à la Ligue des droits de l'homme : «Ainsi donc, livré sans ressources au noir bataillon de fantômes, à la faim, la misère, la maladie; bientôt vaincu, contraint de renoncer à la lutte, lamentable loque humaine, ballottée de l'hôpital à la rue et de la rue à la geôle; sans forces, tous ressorts brisés; en

proie à toutes les agonies, le libéré finit de subir une vie de tourments pour laquelle la mort devient une délivrance.»

Ce n'est qu'en 1933, à l'initiative de l'Armée du Salut, que du travail fut offert aux libérés dans une ferme-modèle près de Cayenne et dans une autre à Saint-Laurent. Ceux qui le désirent peuvent ainsi gagner le prix de leur billet de passage vers la France. A condition, bien sûr, qu'ils soient libérés de leur obligation de résidence. En février 1935, soixante-sept anciens condamnés sont ainsi rapatriés. A la veille de la guerre, l'Armée du Salut parvient à réinsérer près de huit cents libérés en France et en Afrique du Nord.

Cayenne est la capitale d'une colonie de près de 90000 km² et de 50000 habitants. Sur ce total, la population pénale représente environ 6500 personnes dont une moyenne de 4000 transportés en cours de peine, environ 1600 libérés, le reste étant composé de relégués. Au début du XXe siècle, en Guyane, 26 % des condamnés aux travaux forcés sont des manœuvres agricoles, 20 % des manœuvres non agricoles, 12 % sont considérés comme des cultivateurs, 7 % sont des ouvriers sur bois ou sur fer. Les travailleurs du bâtiment interviennent pour 6 % et les artisans pour 3 %. Chômeurs et condamnés sans profession définie représentent près de 10 % du total.

F. LAG
REGLEMENT de comptes à la LOYALE

14
15
16
17
RC
RECLUSION CELLULAIRE
à St JOSEPH - ILES du SALUT
« LA FITANCE »

le GARÇON de FAMILLE

A l'ILOT St Louis su
le MARONI
Les FORCATS LÉPREUX

Justice est Faite...
Crime pour crime ...

F. LAG
La Véhiculation au Maroni
le Pousse

PRISON
Le camp de la mort
-"GODEBERT,,
les " INCOS,

HALAGE des GRUMES
A LA BRICOLE"

Dès son origine, le bagne de Guyane eut ses détracteurs. Le très officiel *Journal des débats* écrit en 1852 : «Si l'on veut examiner les choses de plus près, il est probable qu'on n'aurait jamais eu l'idée de recommencer en Guyane cette même entreprise que l'Angleterre abandonnait dans l'Australie comme décidément condamnée par l'expérience et comme aussi contraire aux intérêts des colonies qu'à ceux de la métropole.»

CHAPITRE V
LA FIN DU BAGNE

A l'expiration de sa peine, le forçat reçoit son identité de libéré. Il a survécu au travail forcé, à la malnutrition, aux maladies. Il n'a pas commis de délits trop graves qui lui auraient valu les foudres du tribunal maritime spécial, juridiction souveraine du bagne. Le voici libre.

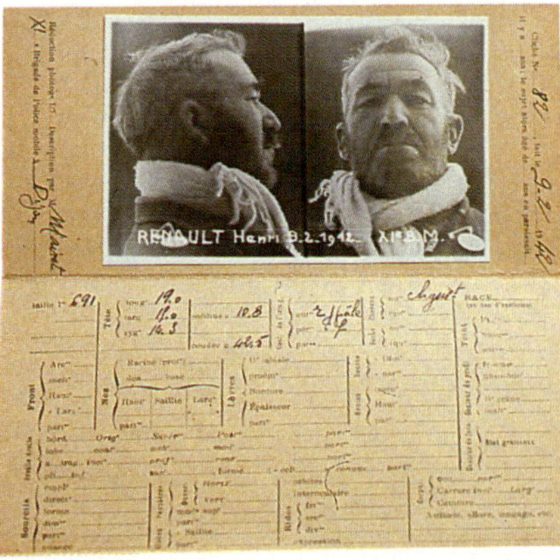

En 1854, l'amiral Fourrichon, nommé gouverneur de la colonie, dresse un constat d'échec : «Il ne me reste plus, écrit-il au ministre, le moindre doute réservé à cette entreprise; plus l'on y mettra de persistance, plus l'échec sera dommageable aux finances et à l'honneur du gouvernement.»

Albert Londres : un journaliste tente d'abattre la forteresse du bagne

Le premier véritable choc que reçoit l'institution du bagne ne vient pas des législateurs, des militaires ou des financiers. Il est donné par un grand reporter de renommée internationale, Albert Londres. Son premier article sur les bagnes de Guyane paraît à la une du *Petit Parisien* le 8 août 1923. Presque quotidiennement, les reportages se poursuivent jusqu'au mois d'octobre. La condamnation est sans appel : les bagnards «ne mangent pas à leur faim; l'esprit peut se faire une raison, l'estomac jamais. Plus de neuf mille Français ont été rejetés sur cette côte et sont tombés dans le cercle à tourments. Un millier a su ramper et s'est installé sur les bords, où il fait moins chaud; les autres grouillent au fond comme des bêtes, n'ayant plus qu'un mot à la bouche : le malheur; une idée fixe : la liberté». Au sujet de la meurtrière route n° 1, Albert Londres écrit également : «La question serait de savoir si l'on veut faire une route ou si l'on veut faire crever des individus. Si c'est pour les faire crever, ne changez rien ! Tout va bien ! Si c'est pour faire une route...» Et il conclut : «Je rêve encore chaque nuit de ce voyage au bagne. C'est un temps que j'ai passé hors de la vie. Pendant un mois j'ai regardé les cent spectacles de cet enfer et maintenant ce sont eux qui me regardent...»

Le 6 septembre 1923, *le Petit Parisien* publie une lettre ouverte d'Albert Londres au ministre des Colonies : «J'ai fini. Au gouvernement de commencer. Ce n'est pas des réformes qu'il faut en Guyane, c'est un chambardement général.»

Le décret-loi qui met fin au bagne

Le retentissement de la série d'articles d'Albert Londres trouve ses échos dans des campagnes de presse vouant le bagne aux gémonies, tant dans la presse française qu'à l'étranger. Ainsi *El Tiempo* de Bogota titre, le 8 janvier 1934, à propos du bagne français : «Une honte pour l'Amérique». En France, la lutte pour la suppression du bagne est menée par certains journaux, des avocats, l'Armée du Salut et le député de Guyane Gaston Monnerville. A partir du printemps 1936, deux ministres du Front populaire œuvrent aussi dans ce sens : Marius Moutet, ministre de la France d'outre-mer, et Marc Rucart, garde des Sceaux. Lors d'une grande réunion à la salle Gaveau, ce dernier s'exclame : «On peut condamner un

Tout en reflétant certains préjugés de son époque, Albert Londres se fait le défenseur des opprimés. Il dénonce l'exploitation des Noirs dans les colonies françaises, dévoile l'inhumanité des asiles de fous, s'élève contre la prostitution, dresse un réquisitoire contre le système pénitentiaire.

coupable à la détention perpétuelle; la loi permet de le condamner à mort; mais notre cœur, notre sentiment intime, nos croyances diverses, notre christianisme, en particulier, nous interdisent de condamner aucun homme à descendre plus bas qu'il n'est.» Et le premier président de la Cour de cassation, Paul Matter, conclut : «La peine doit être exemplaire et moralisatrice, or le bagne n'est ni l'un ni l'autre. Ainsi, ni exemplaire, ni moralisatrice, n'empêchant pas les crimes et ne tendant pas à l'amendement, la peine des travaux forcés n'a pas ce double caractère que doit avoir toute peine, et l'on comprend que les nations étrangères, qui l'ont longtemps pratiquée, l'aient supprimée...»

Le 17 juin 1938, le président de la République Albert Lebrun signe un décret-loi mettant fin à la peine des travaux forcés en Guyane. Mais rien n'est prévu pour le rapatriement de ceux qui s'y trouvent. Ils vont subir une terrible et ultime épreuve.

L'hécatombe des bagnards

De 1940 à 1943, un nouveau directeur, précédemment à la tête du bagne de Poulo-Condor à Saigon, est nommé, par le gouvernement de Vichy, à la tête de celui de Guyane. Il fait preuve d'une rigueur féroce, appliquant les textes à la lettre. Cette nouvelle politique devant se faire sans témoins, on prie l'officier de l'Armée du Salut présent à Saint-Laurent de quitter les lieux. En trois ans, la population pénale diminue de moitié sous l'effet de mauvais traitements et de malnutrition. Après cet épouvantable intermède, les nouvelles autorités de la France libre prennent de nombreuses mesures humanitaires. Les camps de travail forcé en forêt sont abandonnés et les conditions de détention assouplies. En 1946, le bagne est définitivement fermé et on décide le rapatriement des libérés et de la majorité des condamnés en cours de peine. Cette lourde tâche et celle de leur réinsertion sont confiées à l'Armée du Salut.
Les voyages de retour s'échelonnent de 1946 à 1953. Le 17 août 1946, cent quarante-cinq ex-forçats arrivent à Marseille, vingt-cinq débarquent au Havre en décembre, cinquante-trois en mars de l'année

Art. 1er: La peine des travaux forcés est subie dans une maison de force, avec obligation au travail et assujettissement à une épreuve d'isolement cellulaire de jour comme de nuit.
Art. 2: Les dispositions de l'article précédent ne sont applicables aux condamnés en cours de peine que s'ils n'ont pas encore été transportés au jour de la promulgation du présent décret.
Les condamnés déjà transportés continuent à être régis par les dispositions de la loi du 30 mai 1854.

Extraits du décret-loi portant suppression de la transportation, signé à Paris le 17 juin 1938

Malgré un siècle de présence, les forçats de Guyane ont surtout œuvré pour leur propre détention. Les constructions de Saint-Laurent-du-Maroni ou des îles du Salut ont été édifiées pour et par le bagne. Pour ce qui est de la colonisation, qui était l'un des objectifs de la loi de 1854, les travaux se limitent à la construction d'une jetée en pierre à Cayenne, de 44 km de route entre Cayenne et Kourou, de 120 km de route-piste, de quelques digues et travaux de drainage. Pitoyable bilan d'un échec absolu, sauf pour ce qui concerne l'élimination de dizaines de milliers de condamnés dont la France voulut se débarrasser à tout jamais.

suivante. Plusieurs centaines de Maghrébins, sur le liberty-ship *Boulogne-sur-Mer,* sont rapatriés à Pâques 1947 vers le port de Casablanca. Mois après mois se poursuit le grand retour, cinq cents en 1949, plusieurs dizaines en 1951, quarante-huit en 1952 et les cent trente-deux derniers en août 1953. Ne restent à Cayenne et Saint-Laurent que quelques dizaines d'anciens bagnards que rien ni personne n'attend plus en métropole. Ultimes témoins d'une aventure pénale qui jeta sur les côtes de Guyane plus de soixante-dix mille hommes et quelques centaines de femmes qui y trouvèrent, pour la majorité d'entre eux, la dernière expiation...

TÉMOIGNAGES ET DOCUMENTS

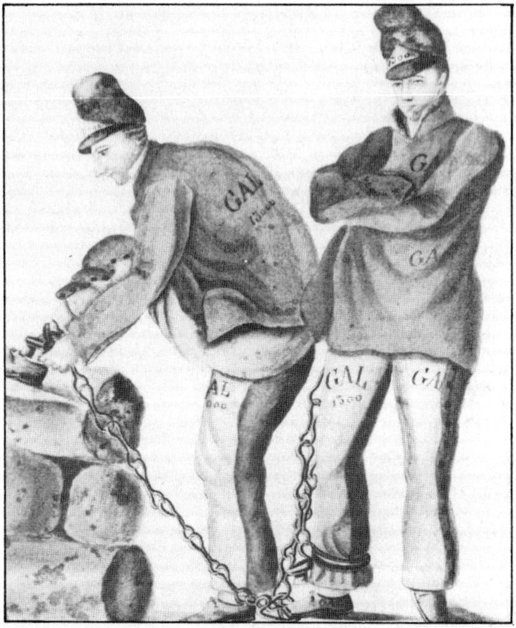

Récits du temps des chaînes

Il existe quelques dizaines de témoignages d'anciens forçats sur le bagne. Ils permettent de retracer la vie quotidienne au bagne à travers des souvenirs qui ont parfois les couleurs de la légende.

En 1869, la librairie Blériat édite à Paris les « Mémoires d'un déporté à la Guyane française ». Ce texte, d'un certain De Lamothe, est censé, en plein Second Empire, montrer les malheurs d'un républicain de 1848, révolté en 1851 contre le coup d'Etat de Louis Napoléon Bonaparte et déporté à Cayenne.

La justice du gouverneur et le dévouement de nos aumôniers a produit dans le pénitencier les fruits les plus heureux. Ranimés par l'espérance d'un pardon dont ils s'efforcent de se rendre dignes, les déportés donnent peu de sujets de plainte. Un petit nombre d'incorrigibles a été relégué dans l'île du Diable, leur sort est misérable, tandis que celui de leurs compagnons s'adoucit chaque jour. Plusieurs sont déjà repartis pour la France, le cœur plein de repentir et de reconnaissance ; d'autres en grand nombre, transportés sur le continent, sont entrés au service des colons, ou même ont obtenu des concessions provisoires qui plus tard deviendront leur propriété s'ils continuent à se bien conduire. Je suis au nombre des plus favorisés. Depuis cinq mois, j'habite une jolie maison abritée par un groupe de palmiers, avec la vue de la mer. Mon jardin est rempli d'arbres et de fleurs ; mais que m'importe ? mes forces sont à bout, le chagrin a blanchi mes cheveux, creusé de rides mon front ; je sens la mort dans ma poitrine, elle me courbe vers la terre, je ne suis pas digne de vivre.

Adieu, chers enfants, j'ai été bien coupable, mais l'expiation a été terrible. Je ne puis vous laisser autre chose que ce journal, souvenez-vous que c'est la confession d'un père, rappelez-vous au moment des tentations sa triste histoire, racontez-la à ceux que vous verrez chancelants dans la voie du bien ;

puisse-t-elle vous être utile, puisse-t-elle servir d'enseignement aux malheureux qui songeraient à m'imiter ! Le bonheur est dans l'accomplissement du devoir, partout ailleurs il n'y a que déception, misère et remords. Je voudrais pouvoir vous serrer sur mon cœur avant qu'il cesse de battre, je n'aurai pas cette consolation. Qu'au moins ma dernière bénédiction arrive jusqu'à vous. Merci pour votre amour, merci à Georges, aimez-le et imitez-le. Je vous recommande Marie, votre sœur, soyez son conseil et son appui. Dans le paquet qui renfermera ce journal et quelques lettres, elle trouvera la petite médaille que sa mère m'a donnée, qu'elle la porte en souvenir d'une mère sainte et d'un père malheureux. Soyez bons, soyez unis, soyez religieux, je vais rejoindre mon Henriette ! priez pour moi, adieu, adieu, je vous bénis.

Pierre.

De la Mère (Guyane française),

Monsieur et cher confrère,
J'ai l'honneur de vous transmettre la nouvelle de la mort de Pierre, votre ancien paroissien déporté à la Guyane française. Soyez assez bon pour remettre à ses enfants les deux manuscrits et la médaille enfermés dans ce paquet.

Pierre est mort dans les meilleurs sentiments, me chargeant de demander en son nom pardon à ceux qui l'ont connu, pour le mauvais exemple qu'il leur a donné et pour le mal qu'il a pu leur faire. Sa conduite a été parfaite tout le temps qu'il a passé au pénitentiaire. M. le gouverneur général, après avoir, il y a deux ans, obtenu pour lui une diminution de peine, avait dans ces derniers temps demandé sa grâce entière. Quand elle est arrivée, car il est mort libre, il était trop tard. Le chagrin que lui a fait éprouver la mort de sa femme le minait depuis longtemps, et depuis près d'un mois il ne quittait plus le lit, crachant le sang, mais calme et résigné au milieu de ses souffrances. La nouvelle de sa grâce, qu'il a reçue avec reconnaissance, ne lui a fait aucune illusion. Deux jours après il s'est éteint entre mes bras, plein de repentir et de confiance. Ses dernières paroles ont été des paroles d'amour pour sa famille.

Ces détails seront, je n'en doute pas, une grande consolation pour ses enfants, et une grande joie pour votre charité.

Agréez, monsieur et cher confrère, l'assurance de ma haute considération.

L'abbé aumônier du Pénitentiaire, A monsieur le curé de Ronciéras *(Var)*.

Al. de Lamothe,
Mémoires d'un déporté à la Guyane française,
Paris, 1869

A l'île Royale ou à Saint-Laurent-du-Maroni, la guillotine dresse sa sinistre silhouette plusieurs fois par an. Ainsi meurent, en 1934, les coupables d'une cavale meurtrière en une exécution collective rapportée par l'ex-forçat Raymond Vaudé.

Exécution racontée à Raymond Vaudé par le Charlot Ladurel

Et la justice va accomplir sa tâche sinistre.

Le jour commence à poindre. Les sombres murs du quartier spécial rougeoient. C'est l'heure de la justice des hommes. Trois malheureux vont mourir dans quelques instants, sans l'approbation de Dieu. Déjà, les personnalités arrivent : le procureur en tête, suivi des avocats, d'un marabout et de tous les privilégiés administratifs qui désirent assister à cette scène macabre. En silence, tous se rangent autour de l'échafaud. Puis, le procureur fait un signe discret au surveillant-chef qui est chargé de procéder aux exécutions.

Les porte-clés ouvrent les battants et un premier prisonnier sort. C'est Nagib. Il a les pieds entravés à la « barre de justice » scellée au mur et de ce fait, il ne peut opposer aucune résistance. D'ailleurs, il n'a pas l'intention de résister. Un Arabe lui enchaîne les mains derrière le dos et lui fixe un fort bracelet aux chevilles. Ainsi, il ne peut marcher qu'à petits pas pour se rendre au supplice. Le bracelet est relié à une chaîne d'une trentaine de centimètres et l'extrémité libre est tenue solidement par un aide. La justice est prévoyante : si le condamné parvenait à s'enfuir !

Nagib sort sur le préau et en tournant la tête, il aperçoit, sur la droite, le sinistre échafaud qui se dresse dans le petit jour blême.

Le procureur, suivi du greffier, donne lecture de la sentence :

– Votre recours en grâce a été rejeté, Nagib. L'heure d'expier est venue... Ayez du courage...

Le surveillant-chef demande :

– Voulez-vous une cigarette ?

– Non.

– Un verre de tafia ?

– Non.

Il est visiblement excédé et hurle :

– Allez vous faire foutre avec vos conneries. Pas de boniments...On y va...

Le marabout priait en silence.

Sur un signe du procureur, mes aides s'emparent du pauvre type. Il marchait à petits pas. Il avait la tête légèrement inclinée en arrière. Il regardait la lame fixement. Mais il n'a pas flanché.

Mes aides l'ont basculé, la lunette est tombée presque en même temps que le couteau. Le sang a giclé. Un temps très fort, puis moins fort et enfin, ça a dégouliné. J'étais pas fier, mais j'ai vu que la tête était bien tombée dans le panier.

On a mis le corps dans le panier. On a fermé le tout. On a attendu le suivant, en nettoyant quand même les lieux.

Le suivant, c'était Ahmed. Il a épousé la veuve avec le même mépris.

Le marabout priait toujours...

Khalil a été plus violent. Il avait déjà la tête sous le couperet et il criait encore : « Salauds... Mort aux vaches... Crevez tous... »

Je lui ai coupé le sifflet en tirant sur la poignée. J'étais bien content que tout cela soit terminé.

Passeport pour le bagne,
Henri Veyrier, 1977

Arthur Roques, faux-monnayeur et encore récidiviste, est condamné le 14 mai 1902 aux travaux forcés à perpétuité. Sous la livrée du transporté n° 32835, il part pour la Guyane où il meurt le 28 septembre 1920 à 68 ans. Les lettres à sa famille fourmillent de détails sur la vie quotidienne au bagne.

Je vous dirai tout d'abord que ma santé a été fortement ébranlée par les quatre mois de cachot, de fers et de pain sec que j'ai subis à Saint-Martin-de-Ré ; que les vingt jours de traversée pour arriver à la Guyane se sont déroulés dans des conditions de nourriture, de chaleur et de misère qui ne pouvaient en rien amener une amélioration ; que depuis mon arrivée ici je me vois, comme tous les autres d'ailleurs, mourir petit à petit, faute de soins, faute de repos. Les chaleurs torrides de ce pays auxquelles je ne suis pas fait m'ont occasionné une éruption de boutons et de furoncles sur tout le corps dont j'ai bien à souffrir. En outre, je suis nuit et jour en nage et dans un état de fièvre permanent qui m'abat au point de ne pas me laisser la force de me traîner. Si j'ajoute qu'une courbature générale de tout le corps et notamment un mal de reins et d'épaules sont le résultat de cet état maladif, vous aurez une légère idée du tribut que je paie depuis trois mois au climat de la Guyane. De soins, je n'en attends de personne, des médicaments, encore moins. Nous avons tous les mercredis la facilité d'être présentés au médecin-major du pénitencier, mais comme il faut être mourant ou mort pour être reconnu malade, je me suis dispensé, jusqu'à ce jour, d'aller le voir, estimant qu'il valait mieux que je me laisse mourir de faim et de misère que d'être expédié par la main du médecin. [...]

Le travail serait à la portée de tout le monde si on était un peu mieux nourris. Nous ne sommes ni tâchés, ni surmenés, ni forcés de faire au-dessus de nos forces. Grâce à un ami que j'ai rencontré ici, je me suis mis à l'abri des

grosses fatigues et des grosses chaleurs. Je suis à la forge, comme aide, et mon travail se réduit tous les jour à donner quelques coups de soufflet de forge. Je suis donc à l'abri de bien des ennuis sous le rapport du travail et surtout des punitions. Quant aux emplois de comptable, on ne met pas d'empressement à les solliciter, parce que à part la tranquillité qui en résulte on ne saurait en tirer d'autre profit, soit comme vente, soit comme bien-être, soit comme bénéfices. De plus ici, île Saint-Joseph, il y a juste un comptable, un infirmier et un cuisinier ; c'est vous dire qu'il n'y a pas à faire fonds là-dessus et que pendant toute la durée de mon séjour ici je n'ai pas grand-chose à espérer pour tout ce qui concerne la débrouille. C'est sur moi, c'est-à-dire sur vous autres que je dois me reposer du soin de mettre un terme à ma misère. [...]

Ce que nous percevons comme ration journalière – sauf le pain, qui est mangeable – se réduit à rien ou à presque rien et de si mauvaise qualité que le manger serait vouloir abréger sa vie.

La viande de bœuf qu'on nous donne est pourrie d'ulcères et autres agréments qui en font un objet de dégoût ; la viande de conserve vous donne des nausées, le lard salé soulève le cœur et les haricots secs – qui font notre repas quotidien du soir – sont tellement moisis que personne n'y touche. Nous sommes donc réduits au pain sec continu et, comme il n'y a ni cantine ni autres vivres à acheter, force est, même aux affamés, de souffrir la faim. Le pire de tout cela, c'est qu'il n'y a aucun remède à ce mal et que la perspective d'une meilleure nourriture plus tard ne s'offre même pas à notre esprit. Un pareil régime a existé de tout temps et quelles que soient les réclamations que l'on ait pu adresser en haut lieu, jamais on ne l'a modifié. C'est donc une habitude à prendre et comme il ne s'agit de rien moins que d'une mort lente, mais sûre, par inanition, par consomption et par anémie, chacun prend son mal en patience, moi comme les autres. En retour je dois vous dire que deux forçats contremaîtres font, soir et matin, du café et qu'ils le vendent à ceux qui sont assez fortunés pour pouvoir s'offrir ce luxe. La ration est de 25 centilitres et coûte 10 centimes. Grâce à un ami et à quelques objets que j'ai pu vendre, j'ai trouvé le moyen, jusqu'à ce jour, de boire mon café matin et soir et comme c'est le seul aliment qui ne me répugne pas, je le considère comme mon sauveur (le café). [...]

A côté de cette misère, remarquez qu'il y a des porteurs de sommes d'argent fabuleuses, étant donné la situation ; c'est ainsi qu'on en cite ayant des milliers de francs, d'autres des centaines, d'autres moins. Si vous me demandez maintenant comment il se fait que certains soient à peu près heureux, alors que le plus grand nombre est franchement malheureux, je vous dirai que cela tient aux différents postes que l'on occupe. Ainsi, ceux qui sont cuisiniers, garçons de ménage, garçons dans les magasins de vivres, les infirmiers, les ouvriers d'art, etc., font à peu près ce qu'ils veulent, gagnent ce qu'il veulent, mangent ce qu'ils veulent, sont, en un mot, aussi heureux qu'on peut l'être ici.

Comment font-ils ? Que font-ils pour atteindre ce résultat ? Le voici : les cuisiniers vendent nos vivres et les mangent, les infirmiers vendent les médicaments et les boivent ; les garçons de ménage font du commerce avec leurs patrons et vendent aux condamnés tout ce qui peut se vendre ; les ouvriers d'art font argent de leur savoir-faire en fabriquant des couteaux, des poignards, des fausses clefs, des ustensiles de ménage, de pêche, de chasse, etc., et ainsi de suite dans les différents postes. Somme toute, c'est sur le dos des malheureux que les débrouillards vivent et s'engraissent. Dans ces conditions, vous concevez facilement que lorsque la gamelle nous arrive, il n'y ait rien dedans pour manger ; et remarquez que personne ne trouve rien à redire, que personne ne se plaint, dans l'espoir qu'un jour ou l'autre l'assiette au beurre leur tombera en partage.

Claude Barousse,
Parole de forçat,
le dossier Arthur Roques,
Actes Sud, 1989

Après son retour en France, grâce à l'action d'Albert Londres, Eugène Dieudonné décrit en 1930, dans La vie des forçats, *ses souvenirs du bagne.*

Le doyen des forçats, c'est Laporte, dit d'Artagnan. Il y a cinquante ans, d'Artagnan fut condamné à cinq ans de travaux forcés et envoyé en Nouvelle-Calédonie. Pour deux évasions malheureuses, il fut condamné chaque fois à « quarante ans » de travaux forcés. En ce temps-là, on condamnait les évadés pour évasion et pour vol. Le vol c'était leurs vêtements, les outils, la couverture qu'ils emportaient. D'Artagnan a quatre-vingts ans de travaux forcés à faire. Que risque-t-il à tenter d'autres évasions ? C'est ce qu'il fit. Il traversa la forêt vierge, évita les Canaques anthropophages et arriva dans une mine de cuivre exploitée par les Anglais. Laborieux et sobre, il mit de l'argent de côté. Avec d'autres évadés qui le prirent pour capitaine, il acheta un canot ponté. Et en route pour l'Australie. L'océan Indien est hérissé de récifs, d'îlots au ras de la mer. D'Artagnan évita tous les écueils et, un mois après son départ de la Nouvelle-Calédonie, il accosta en Australie. Melbourne, Sydney, le virent travailler comme mécanicien.

Mais il aimait la mer. Il s'embaucha à bord d'un paquebot, fit le tour du monde et se retrouva un jour à Bordeaux, sa ville natale. La police le reprit. On l'envoya, cette fois, en Guyane. D'Artagnan avait épuisé sa part de chance. Il s'évada maintes fois, toucha la Guyane hollandaise, l'anglaise, la brésilienne et le Venezuela. Chaque fois il fut repris et renvoyé au bagne. Le tribunal maritime lui octroyait chaque fois cinq ans de travaux forcés. Avoir quatre-vingts ans ou cent-cinquante ans de travaux forcés, c'est pareil. D'Artagnan remettait ça. Finalement, on l'envoya aux îles du Salut. Il avait soixante-dix ans d'âge quand le gouverneur Chanel inspecta les Iles.

– Et toi, l'ancêtre, quel âge as-tu ?

– Soixante-dix ans, Gouverneur.

– N... de D... ! Combien te reste-t-il à faire ?

– Cent cinquante ans à peu près.

– Hein ?...

– Pour évasion, Gouverneur.

Le gouverneur Chanel bondit. Le commandant lui expliqua le cas Laporte.

– Qu'on l'envoie à Cayenne, hurla le gouverneur, et chez moi. Ce gaillard-là m'intéresse.

– Mais il s'évadera, hasarda le commandant.

– Je suis vieux, dit d'Artagnan.

– Qu'on l'embarque avec moi, de suite, conclut le gouverneur.

D'Artagnan jubilait. Les canotiers colportèrent le départ de Laporte dans les trois îles. Palanco fit une collecte et lui remit trois cents francs.

« Sa dernière belle », pensions-nous.

D'Artagnan ne se plaisait pas à Cayenne, ville de forçats poivrots, de libérés avachis. Il se fit envoyer au Nouveau-Camp, aux impotents. Trois jours après il pagayait vers la Guyane hollandaise. La malchance le poursuivit, il échoua.

On n'osa pas garder ce vieillard au Quartier spécial. Il fut renvoyé au Nouveau-Camp, avec ordre de le surveiller. D'Artagnan remit ça, échoua et fut interné de nouveau aux îles du Salut.

C'est là que je l'ai laissé. Il avait fait cinquante ans de bagne. S'il n'est pas mort, il y est toujours.

Eugène Dieudonné,
la Vie des forçats,
Gallimard, 1930

A la suite d'Albert Londres, de nombreux journalistes se rendent en Guyane. L'un d'entre eux, Marius Larique, est, en 1931, l'envoyé spécial de la revue « Détective ». Il décrit ici la vie dans les cases, la nuit, après l'enfermement collectif des condamnés.

Peu à peu, le cercle des joueurs s'est éclairci. Un à un s'éteignent les lumignons individuels. Serrano, le tenancier, arrête le jeu. Il partage la cagnotte entre les ayants droit ; il achète au marchand de café, au marchand de berlingots, au marchand de « pipes » le solde de leurs marchandises et le distribue aux joueurs acharnés qui ont tenu jusqu'à présent, jusqu'à deux heures du matin. Il ne reste plus beaucoup de temps pour le sommeil, puisque la cloche tinte à cinq heures, et qu'à cinq heures et demie elle se fait impérieuse, pour le rassemblement des corvées.

Sur leur hamac, les forçats allongés, nus sous la couverture, ont rangé les lettres de France qu'ils connaissent par cœur ; les photos jaunies, cassées aux coins, photos d'une mère, d'une sœur, d'une « môme ».

Ils vont essayer de dormir, malgré la fumée des pipes, l'odeur nauséabonde de la « moque », les moustiques, les punaises. Deux beaux chats tigrés les garantissent contre les rats et les souris, mais personne ne les protège de la rêverie.

Ce dur paysan revoit la ferme et les poules qui picorent sur le tas de fumier devant la porte d'habitation ; les canards qui barbotent dans le purin ; les oies stupides et vigilantes, les cochons affairés et goinfres. Peut-être aussi, la fermière ridée, anguleuse, puis, au bas de la côte, le petit ruisseau frais avec ses truites mouchetées et ses écrevisses, le clocher d'ardoises et le coq doré qui brille dans la lumière...

Pour beaucoup d'autres, sur tous les murs de la case, dans les musettes et dans les cœurs, la FEMME est là, splendide et presque toujours provocante : nus de *la Vie parisienne*, nus des images qu'on trouve dans les paquets de cigarettes Mélia.

La Femme ! La plupart de ces hommes ont été punis à cause d'Elle. Mais les souvenirs se dissipent et seule reste l'idée de l'amour. Ils n'ont plus que le souvenir d'un geste, d'une attitude, d'un coin de peau...

Les trahisons, les querelles, les coups sont oubliés, mais il reste ce que Verhaeren appelait « un fragment magnifique du monde ».

Au-dessus des corps vautrés flottent dans la case, toutes les nuits, mille formes légères, aux écharpes mouvantes, aux voiles de fées. Au ras du sol, c'est le pandémonium ; au ras du faîte, l'empyrée.

Tous les esprits sont là, familiers, têtus, despotiques, attendris, impudiques ; toutes les femmes sont venues : les maîtresses, les sœurs, les mamans, les amies...

Mais quand ils frissonnent en songe au contact d'une chevelure de rêve, quand le grand mystère d'amour les empoigne, qu'ont-ils pour apaiser leur fringale ? Des Hommes !

Alors les ombres se cherchent ; des couvertures s'étendent sur deux corps qui, d'abord, n'en recouvraient qu'un ; le silence n'est plus troublé que par des chuchotements...

L'une après l'autre, les lampes se sont éteintes. C'est la seule pudeur du bagne d'aimer dans l'ombre.

Marius Larique,
les Hommes punis,
Gallimard, 1932

Cameloter aux Iles, se débrouiller à Royale, à Saint-Joseph, au Diable, semble être une gageure.

Figurez-vous qu'on vous jette sur une île aride où ne poussent que les pierres et quelques cocotiers ; que vous n'ayez ni argent, ni outils, ni armes ; qu'on vous adjoigne cinq ou six cents hommes aussi malheureux que vous et qu'on vous dise : « Nous allons vous nourrir pour trois francs cinquante par jour – de quoi dire que vous ne mourrez pas de faim ; – nous allons vous donner quelques vêtements – de quoi dire que vous n'irez pas tout nus ; – pour le reste, vous vous *débrouillerez.* » Vous feriez triste mine. C'est pourtant le méchant sort des six cents Hommes Punis des Iles. Ils le dominent : ils se débrouillent.

Ils se débrouillent pour avoir de l'argent, du tabac, des outils, des armes ; ils se débrouillent pour fabriquer des objets artistiques, pour se procurer du papier, des plumes, de l'encre, des couleurs, de la toile ; pour pêcher des poissons, tuer des requins, harponner des tortues ; ils se débrouillent pour avoir des livres, du vin, des denrées supplémentaires, du tafia. Ils se débrouillent pour trouver des légumes

frais, lorsqu'ils manquent par trop de vitamines ; des foies crus lorsqu'ils ont le « coup de lune » ; du lait, du pétrole, des cartes à jouer ; ils se débrouillent pour confectionner un radeau, une barque qui leur servira pour la « belle » ; on dit même que certains se débrouillent pour trouver une femme. Mais sur ce dernier point, chut ! on m'accuserait encore de calomnier d'honorables fonctionnaires et leur famille.

L'ingéniosité des forçats est une chose inimaginable. Il faut voir avec quels pauvres instruments ils capturent les *vieilles*, lourds poissons sans grande saveur, d'ailleurs, et les tortues de mer qui donnent de l'écaille blonde ou brune si belle qu'on en peut faire de remarquables boutons de manchettes, de jolies boucles d'oreille et des coupe-papier. Il faut voir avec quels misérables outils ils confectionnent un jeu de jacquet, un coffret, un pot à tabac. D'une arête de poisson, ils font un poignard, un fume-cigarette ; avec une boîte de lait condensé ils font une lampe ; avec des estagnons vides, des débris de planches, des clous rouillés, des noix de coco, une barque qui traversera l'océan et viendra aborder au Brésil ou au Venezuela. Dans leur *plan*, leur portefeuille, qu'ils confectionnent on ne sait où ni comment et qu'il n'est pas aisé de voler, ils font tenir de l'argent, du tabac, du papier et de quoi écrire s'ils vont en réclusion ; des limes, des scies, un couteau, de la quinine, s'ils ont une mauvaise idée : s'évader, par exemple. Or le *plan* n'a que deux centimètres de diamètre et huit centimètres de longueur. Eux, qui n'ont pas de quoi manger, nourrissent des chiens, des chats, des poules. On peut compter ceux qui portent le chapeau réglementaire et qui ne trouvent pas le moyen de retailler leur casque de forçat pour lui donner une coupe plus agréable. Cela seulement : se procurer un autre chapeau que celui de l'Administration est un exploit. L'Homme Puni l'accomplit aisément en utilisant l'herbe-couteau ou l'ouara qui pousse sur les îles.

La grande affaire n'est pas de fabriquer mais de vendre. Aux îles surtout, où pas un civil ne met les pieds et où vivent en vase clos les bagnards et les gardes-chiourme.

Le forçat-jardinier se débrouille en mettant de côté des légumes verts qu'il vendra quelques sous au surveillant dont la femme et les enfants sont dégoûtés du riz et des légumes de conserve ; Morin, lorsqu'il était à la cambuse, se débrouillait de la même façon. Il est si facile de vider un tonneau dans de bons estagnons qui ne fuient pas et qu'on vend aux surveillants, de pratiquer un petit trou dans le tonneau, d'avoir soin de répandre sur le sol de la cambuse un peu de vin et le lendemain de dire au commis : « Monsieur, le tonneau a été rongé par les poux de bois ; il restait trente litres que le sol a bus. » Le commis feint de croire à l'histoire des vers rongeurs et fait un procès-verbal de perte, car il a souvent besoin du forçat de la cambuse. C'est la débrouille des cambusiers. Les forçats-comptables se débrouillent en vendant les places. L'un d'eux, à Saint-Laurent, ne m'a-t-il pas avoué cyniquement que la place lui rapportait, bon an mal an, vingt francs par jour. Le truc est simple : un nouveau arrive ; il a de l'argent. S'il est naïf comme Barataud, il sera pillé. Il aura beau payer des bouteilles de vin fin, du tafia, même des *gueuletons* à toute la case, celle-ci ne sera jamais satisfaite. S'il est malin ou « rencardé », il ira trouver le comptable : « Voici cinq cents francs. Trouve-moi quelque chose. » – « Qu'est-ce que tu sais faire ? » – « Rien... » – « Alors, ça sera difficile. » Mais on trouve tout de même. Si le surveillant est vénal, le comptable lui dit la vérité et le surveillant se *débrouille* pour enlever le morceau auprès du commandant du pénitencier ; si le surveillant est incorruptible, le comptable joue un autre air : « Chef, le petit André se plaint de ne pouvoir vivre dans une telle promiscuité. C'est, je crois, un sujet intéressant. Vous devriez le voir, chef, lui faire la morale, car il va faire des bêtises, ce petit gars-là, et ce serait dommage. On pourrait sans doute le sauver. » Le brave homme se laisse prendre à cette pseudo-pitié et, après enquête, il est bien rare qu'il ne donne pas satisfaction au petit André dûment stylé par le comptable.

Le forçat-infirmier de l'hôpital se débrouille en vendant le lait condensé, les médicaments, les pansements, et parfois même en faisant payer les hospitalisations. C'est facile, car il n'est probablement pas au bagne un seul homme qui ne mérite peu ou prou d'être hospitalisé et à qui, en toute conscience professionnelle, un médecin puisse dire : « Vous êtes un carottier ; allez-vous-en. » Pas un homme qui n'ait une tare, une affection, un point faible. Aussi quelle débrouille pour un infirmier sans scrupule !... Le boucher se débrouille avec les déchets, avec aussi les foies, les cervelles, les rognons qui ne vont jamais se perdre dans les gamelles des Hommes Punis ; le cuisinier se débrouille avec le café qu'il fait beaucoup moins fort ; avec la graisse qu'il recueille pieusement pour la revendre ensuite à ceux qui ont de l'argent ; avec le riz des forçats qui nourrira les poules des surveillants ; le condamné employé aux travaux se débrouille en confectionnant – ce qui est interdit en cession – des meubles neufs pour les surveillants (berceaux, chaises, tables, plateaux) ou en fabriquant des lampes, des couteaux, des limes à ses camarades, durant les heures d'atelier. Les pêcheurs se débrouillent en vendant du poisson et des tortues. Tous ces débrouillards-là retranchés de l'effectif, il ne reste plus que les gardiens de case, les hommes chargés d'entretenir les chemins, d'arracher l'herbe, les simples d'esprit, les « cavés », les canotiers, les porte-clés : les gardiens de case ont des amis qui fourniront la case de cigarettes, de café, de vin, de bonbons, de tafia ; d'autres qui se chargeront de l'éclairage, durant le jeu de « marseillaise » ; d'autres de veiller à ce que l'on ne dérange pas les joueurs ou, tout au moins, à ce qu'ils ne soient pas surpris. Les corvéables de la route, des chemins, de l'herbe ramassent tout ce qu'ils trouvent et le vendent ou en font des objets d'art. C'est parmi eux qu'on trouve parfois un artiste peintre. Grilly, un transporté sachant à peine lire et écrire, est le grand peintre du bagne. Tous les notables de Cayenne ont chez eux de ses tableaux, de ses vases, de ses assiettes peintes, de

ses éventails, de ses coussins. La peinture, le dessin, c'est la débrouille aussi de Piroux, qui est un caricaturiste de talent ; de Dubois, dont le trait est sarcastique, ce qui ne l'empêche pas de peindre parfois des scènes attendrissantes à la Greuze, de fragiles jeunes filles éthérées à la manière de Lancret ou des Gavarnis chlorotiques ; les simples d'esprit ou les pauvres bougres qui ne reçoivent jamais un sou, qui n'ont pas de métier et qui ne veulent pas s'abaisser au mouchardage ou à la prostitution, lavent le linge des forçats plus aisés, font leur tâche, s'ils en ont l'occasion, et leur cuisine. Dieudonné, lorsqu'il était aux îles, où il se débrouillait convenablement, grâce à son rare talent de maître ébéniste, entretenait ainsi, par charité, deux malheureux. C'était leur débrouille, à ceux-là, de laver le linge de Dieudonné et de faire cuire les légumes frais qu'il achetait aux jardiniers.

Le manipulateur en bactériologie est le seul qui se débrouille mal, car, au bagne, il ne viendra jamais à l'idée de personne de payer pour apprendre qu'il est syphilitique ou tuberculeux ou lépreux...

La débrouille des forts-à-bras, c'est de tenir le jeu ; la débrouille des canotiers, c'est de négocier la débrouille des autres sur les bateaux qui passent aux îles.

Marius Larique,
les Hommes punis,
Gallimard, 1932

Armand Spilers, condamné une première fois en 1925, évadé de la prison de Lille, expédié en Guyane pour purger une peine de dix ans de travaux forcés, s'en échappe. Revenu en France, repris, réussissant à nouveau la belle, soupçonné du meurtre d'un agent de police en 1937, il est condamné à mort puis gracié – sa peine est commuée en travaux forcés à perpétuité. Il est finalement libéré le 1er mai 1953.

Le quatrième jour, je m'endormis à la barre, vaincu par la fatigue. Je demandai à l'un des Espagnols de me remplacer pendant que j'allais prendre un peu de repos... J'avais demandé qu'on m'éveillât vers midi. Mais, me voyant dormir si profondément, mes compagnons crurent bien faire en me laissant tranquille jusqu'à l'approche du soir. Lorsque je m'éveillai, je m'aperçus à la position du soleil que nous n'étions pas dans la bonne route. Depuis le matin cet idiot d'Espagnol nous faisait revenir à Kourou sous les yeux attendris des autres.

Le mal n'était pas irréparable, mais c'était tout de même un jour perdu sur les vivres... et sur notre chance.

Je remis le canot sur le bon cap. Dans la nuit, le vent se leva. Je dus donner de la voile quoique n'ayant pas de haubans pour renforcer la mâture comme il eût fallu en l'occurrence. Brusquement un coup de vent plus fort cassa le mât au ras du bordage. Il tomba à la mer avec la voile et, avant que nous ayons eu le temps de nous ressaisir, la houle retourna le canot.

Tout était tombé à la mer : vivres, boussole, bidon... Tout !

Quatre des nôtres qui ne savaient pas nager s'accrochèrent au canot. Je pus les faire attacher avec des cordes et tous les six, nous mettant du même côté de l'embarcation, nous fîmes effort en coordonnant bien nos mouvements, pour la retourner. Quoique l'énergie du désespoir décuplât nos forces, l'aide seule d'une forte lame nous permit enfin de redresser le bateau. Bien entendu il était plein, flottant tout juste ; il était impossible d'y remonter sans le faire couler. Par bonheur une gamelle était restée accrochée au bordage. Nous pûmes ainsi du dehors enlever patiemment et péniblement assez d'eau pour que le plus léger de nous parvienne à tenir à bord. Alors, avec la gamelle celui-ci commença à faire plus sérieusement le vidage. Quand la fatigue le prit, il avait enlevé assez d'eau pour qu'un autre pût monter à son tour. Alors ils se relayèrent.

Combien de temps dura ce travail ? Je ne saurais le dire, mais quand le jour parut, nous étions toujours dans la même position. Enfin, successivement, deux autres hommes purent monter à bord. A l'aide de la vareuse de toile de l'un d'eux, ils purent, la tenant chacun d'un bout, faire avancer l'opération. Il pouvait être midi quand, les uns après les autres, nous nous retrouvâmes tous réunis dans le canot. Jusqu'au soir, nous continuâmes à écoper avec des moyens de fortune.

Nous étions anéantis...

Entre-temps j'avais tiré de la mer le mât et la voile que, bien entendu, nous n'avions pas laissés partir à la dérive. Tant bien que mal, je la remis en place. Mais le mauvais temps continuait. Le vent soufflait avec force, et j'étais obligé, pour ne pas risquer un nouveau naufrage, de nous laisser pousser à son gré.

Cela dura trois jours et quatre nuits. Faute de boussole, nous allions à l'aventure, et, par un temps bouché, sans soleil le jour ni lune la nuit pour nous guider.

Où étions-nous ? Je n'en savais rien...

A la fin de la quatrième nuit le temps se calma et l'on put respirer un peu. Mais la faim et la soif – la soif surtout ! – commencèrent à se faire sentir. Nous n'avions plus rien : ni eau ni vivres.

Le soir du sixième jour, j'aperçus au loin des lumières. Quelle joie ! Je piquai dans la direction. Le matin, je vis que nous étions à quelques kilomètres d'une terre. Laquelle ? Ce n'était certainement pas la Guyane : le pays était de tout autre aspect. Peut-être le Venezuela... En tout cas, il fallait que nous nous procurions des vivres, et surtout de l'eau. Et voici que pour répondre, en quelque sorte, à nos désirs, nous aperçûmes sur la côte des cocotiers chargés de fruits : des vivres et de l'eau...

La côte finissait en une plage de sable. La mer était redevenue très calme. J'accostai. Là, juste à dix mètres, il y avait précisément un petit ruisseau. Chacun de nous se précipita et, avidement, but et rebut. Nous venions de nous jeter sur les noix de coco quand nous vîmes arriver des Noirs. Ils parlaient anglais. Je compris que nous étions dans les Caraïbes, à Trinidad.

Peu après, des policemen arrivèrent. Avec l'aide des Noirs ils poussèrent le canot un peu plus haut sur la plage... et nous emmenèrent devant le coroner. Celui-ci nous fit aimablement conduire par le train à Port of Spain, la capitale de l'île où l'on nous mit, non moins aimablement, en prison.

Trois jours après, nous passions devant le tribunal où, avec l'aide d'un interprète, nous expliquâmes que notre intention n'était pas de descendre en terre anglaise, mais que, désemparés, poussés par la tempête, sans vivres, nous n'avions accosté que pour cueillir quelques noix de coco. Au demeurant nous ne pouvions nier que nous étions des évadés des pénitenciers de la Guyane française puisque nous portions encore la casaque du bagne. Les bons juges nous acquittèrent en nous donnant quarante-huit heures pour quitter le pays. Gardés à vue pendant ce temps, nous fûmes conduits à notre canot.

Mais, à ce moment, passa le courrier français qui fait le service de la Martinique et de la Guyane. Il y avait à bord des surveillants du bagne qui rentraient de congé : ils nous réclamèrent aux autorités anglaises. Celles-ci n'acceptèrent pas de nous livrer parce que nous avions été acquittés par un tribunal et que nous avions un délai pour repartir. Le malheur était que nous devions quitter le territoire anglais le lendemain matin alors que le courrier français ne repartait que le soir. Nous demandâmes aux autorités un sursis de deux jours. Les Anglais savaient que le courrier n'allait pas manquer de nous prendre en chasse et, avec chic, ils nous accordèrent trois jours : une façon d'appliquer le droit d'asile.

Le capitaine commandant le courrier ne voulut pas attendre. J'utilisai le répit pour remonter un mât et arranger la voile. L'Armée du Salut nous donna quelques vivres et, à chacun, un pantalon et une chemise – un pantalon et une chemise civils ! Le cœur content, reconnaissants pour l'Angleterre, réconciliés avec la vie, libres ! après avoir ramassé encore quelques cocos nous repartîmes.

A peine avions-nous repris la mer que je me sentis subitement malade. Un accès violent de fièvre pernicieuse me jeta dans le canot, claquant des dents, incapable de faire un mouvement. Je pus expliquer aux autres la direction qu'il fallait suivre, mais ce fut tout.

Combien de jours suis-je resté dans l'inconscience ? Je ne le savais pas encore, mais quand je revins à moi, il n'y avait plus ni vivres, ni eau. Il restait juste une boîte de lait concentré sur les six qu'on nous avait données. Mes compagnons me dirent qu'il y avait sept jours que j'étais malade.

Cette barque a servi lors d'une évasion de bagnards en Nouvelle-Calédonie. Ce sont les deux hommes qui ont arrêté les fuyards qui posent devant l'embarcation.

Sept jours !... Nous aurions dû être arrivés en Colombie, si nous avions suivi la bonne route ! Mais je me rendis compte que mes compagnons avaient à peu près toujours piqué au nord au lieu de marcher vers l'ouest. J'ouvris la boîte de lait. L'épais liquide sucré me fit du bien mais me donna une soif atroce. Il n'y avait rien à boire.

Quoique bien faible, je me remis à la barre et repris la bonne direction.

Les jours passèrent. Je me demandais comment cela allait finir et où mes malheureux camarades nous avaient conduits pendant la durée de mon anéantissement. Il y avait sept jours que j'avais repris la barre ; il y en avait quinze que je n'avais absorbé pour toute nourriture qu'un peu de lait concentré. Je n'en pouvais plus. J'étais au gouvernail comme un automate et je ne savais plus si nous gardions la bonne direction.

Un jour je remarquai que des requins suivaient notre canot. Sentaient-ils que la mort nous accompagnait ? Elle devait être généreuse de nos corps.

Ils n'eurent pas longtemps à attendre leur pâture. L'un des nôtres, un Espagnol, qui, depuis quelques heures, s'agitait dans l'angoisse de la soif, se leva tout à coup. S'immobilisant il regarda longuement la mer, l'œil fixe, hagard. Soudain il s'écria :

– Maintenant, je vais boire !

Et avant que nous ayons pu faire un geste, il se jeta à la mer.

Il n'a pas dû souffrir longtemps. A peine avait-il touché l'eau qu'il était entraîné par des requins qui s'arrachèrent son corps.

Nous étions horrifiés.

Deux jours plus tard, au matin, un autre camarade gisait mort, au fond du canot. Il s'appelait Abduelo. Unissant toutes nos forces, nous sommes parvenus à jeter son corps à la mer.

Par bonheur, le soir, il tomba un peu d'eau. Nous pûmes en recueillir dans la voile baissée et, à peu près, calmer notre soif. Ce ne fut, semblait-il, que pour nous rendre plus sensibles et plus terribles les tortures de la faim.

Dans la nuit qui suivit, un troisième compagnon mourut. Doucement. Il s'appelait Henri Salier. C'était un Parisien. Il avait 23 ans...

Il y avait vingt jours que nous n'avions rien mangé. Chose étrange, moi qui avais eu un si long accès de fièvre pendant lequel je n'avais pas absorbé de nourriture, je semblais être celui qui résistait le plus. Je veux dire que j'avais encore la force de tenir la barre. Je la tenais, il est vrai, à moitié couché, ne pouvant plus demeurer assis. Une pensée farouche, plus forte que tout, bandait ma volonté et soutenait mon corps effondré : ne pas échouer, alors que nous étions, peut-être, près du but...

Cependant, nous, les trois survivants, nous n'avions plus assez de forces pour pousser par-dessus bord notre dernier mort. Sous la chaleur torride des tropiques, il entra vite en décomposition. Par-dessus toutes nos misères, l'odeur de ce cadavre devant lequel nous étions impuissants était une chose insupportable.

Le vingt et unième jour, au matin, le dernier Espagnol et l'autre Français étaient étendus inertes, dans le fond du canot. Moi, j'étais couché sur la banquette arrière, cette fois je n'avais plus la force de tenir le gouvernail. J'avais pu seulement, dans un dernier effort, attacher la barre pour que nous avançions quand même...

Nous nous abandonnions...

C'est alors que je vis cette chose horrible : Roberto Gomez l'Espagnol se traîner auprès du cadavre de Salier et, comme fou, mordre dans la chair visqueuse et déjà verdâdre de la cuisse...

Une nuit enveloppa encore notre misère. Une misère qui ne pouvait pas descendre plus bas. Une misère sans autre espoir que celui de finir bientôt avec elle !

Au jour, il me sembla que je rêvais. Tout à coup près de nous, je voyais un rivage. Je me soulevai, comme touché par une décharge électrique :

La terre... là... là... La terre.

Je ne rêvais pas. C'était le cauchemar qui finissait.

J'eus la force de donner un coup de barre qui nous fit accoster. Des Indiens venaient, des femmes, des enfants puis des hommes. Mes compagnons n'avaient pas bougé. Je murmurai :

– Où sommes-nous ?

J'entendis parler espagnol, mais en ce temps-là, je ne comprenais pas cette langue. Était-ce le Venezuela ou la Colombie ?

Je devinai pourtant cette phrase qui me parut miraculeuse :

– Aqui es Colombia...

Nous étions sauvés ! Épuisé, alors, je m'écroulai...

Par des frictions, et surtout grâce à l'eau mélangée d'alcool que les Indiens pitoyables faisaient couler dans ma bouche, je revins à moi. J'étais d'une faiblesse extrême. Ces bons Indiens me firent absorber quelque nourriture, et, lentement, le sommeil m'envahit...

Je crois que j'ai dormi ainsi vingt-quatre heures d'affilée. A mon réveil, je ne pus que demander à boire et à manger. Mon camarade français était beaucoup plus faible que moi. Quant à l'Espagnol, il n'avait repris ses sens qu'un court instant. Nous ne nous occupâmes plus que de lui, le frictionnant de tout ce qui avait pu revenir de nos forces, comme les Indiens l'avaient fait pour nous. Enfin, rouvrant les yeux, il demanda à boire. Après avoir absorbé un peu de lait de chèvre que ces braves gens nous avaient apporté, il ferma à nouveau ses paupières.

Quoique bien faibles, nous nous hâtâmes vers le canot qui était resté échoué sur le sable, et là – triste besogne – il nous fallut creuser à même le sable un trou qui n'essayait pas d'être une fosse et, avec une pelle, y jeter en masses éparses les chairs décomposées et puantes qui étaient les restes de Salier.

Après avoir lavé sommairement le canot, nous revînmes chez les Indiens. Nous avions trouvé une tortue de mer sur la plage ; nous en tirâmes quelques kilos de viande et, avec une casserole que nous prêtèrent nos hôtes, nous fîmes un peu de soupe agrémentée de quelques légumes. Le Français et moi, nous nous sentions tout remontés. Nous pûmes faire absorber à l'Espagnol quelque aliment. Il souffrait atrocement, visiblement empoisonné par la chair humaine pourrissante où sa folie l'avait fait mordre.

Dans la nuit qui suivit, il nous appela tous deux et, soudain apaisé, comme si déjà il était dans un autre monde, il nous dit :

– Je vais mourir. C'est fini !... Mais ça ne fait rien : je meurs libre...

Puis, plus bas, il ajouta :

– Vous écrirez au chef du camp de Pariacabo qu'il ne m'a pas eu...

Quand vint le matin, il était mort.

Le lieu où nous avions accosté portait le nom de Puerto-Stella (Port de l'Étoile). Il était pour nous le bien nommé.

Un artiste à Rochefort

Clémens, forçat vers 1840, nous livre une peinture profondément vraie du bagne de Rochefort avec une longue série de portraits et force détails sur ce qui se passe derrière ses murs.

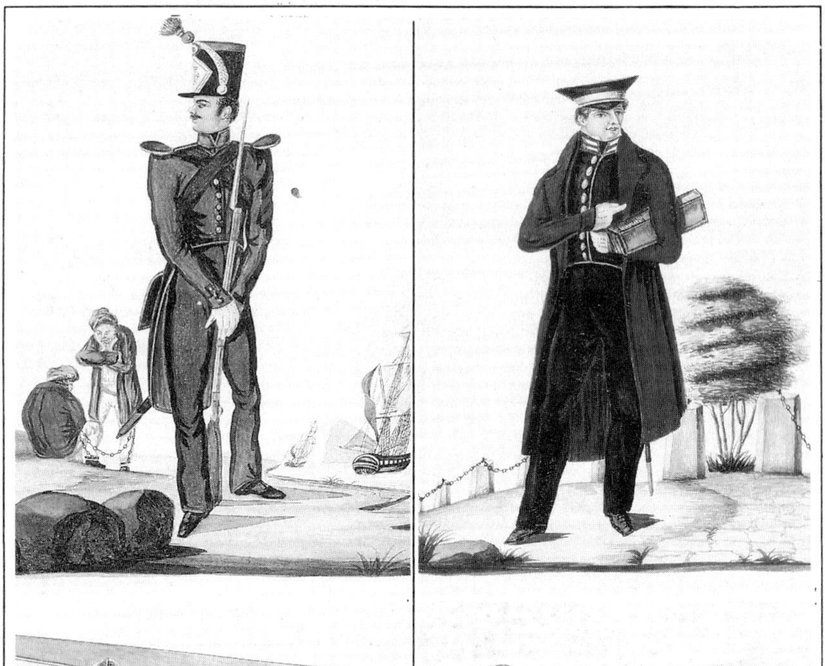
8
951
TF.

20

Le chant des hommes punis

Il n'est pas de rassemblement d'hommes qui ne donne naissance à des chansons. En voici deux, venues de Guyane, l'une écrite par les forçats, l'autre par Albert Londres qui retrouvait ainsi sa première vocation de poète.

« Le Chant de l'Orapu » rappelle le souvenir d'un camp forestier où, avant 1906, on rassemblait des évadés soumis à la punition de la chaîne.

1er COUPLET

Le bronze a retenti ; debout, il est 5 heures.
Les voiles de la nuit couvrent encore l'Orapu.
Les vampires affreux regagnent leurs demeures
Ivres du sang humain dont ils se sont repus.
Pour beaucoup d'entre nous, réveil épouvantable.
Notre esprit vagabond plane sous d'autres cieux.
Mais la cloche, en sonnant l'appel impitoyable,
Nous ramène troublés pour souffrir en ces lieux.

2e COUPLET

Chacun pour le travail s'arme d'une bricole,
Et dans la forêt sombre s'avance en trébuchant.
L'on dirait, des démons, la sarabande folle,
Car l'enfer est au bagne et non pas chez Satan.
L'on franchit les rouleaux, on tombe, on se relève.
La vase et les chicots, rien ne doit nous lasser.
Pour nous l'on ne connaît que ces mots, marche ou crève.
La Loire porte en ses flancs de quoi nous remplacer.

3e COUPLET

Le soleil cherche en vain à montrer son visage,
Un voile épais et noir le dérobe à nos yeux.
Il pleut, il pleut toujours dans ce pays sauvage.
Ô France ! En cet instant nous regrettons tes cieux.
Ces supplices sans nom chaque jour se répètent.
Enfants des fiers Gaulois, qu'êtes-vous devenus ?
Les plus forts d'entre nous marchent en courbant la tête.
Pleurez, forçats, pleurez, vos cœurs ne battent plus.

Le témoignage d'Albert Londres, « Au bagne », donne naissance à une pièce de théâtre et lui-même compose les paroles d'une chanson que Lucienne Boyer inscrit à son répertoire.

LA BELLE

La Loire a quitté La Palice,
Maintenant tout est bien fini,
On s'en va vers le Maroni
Où les requins font la police,
On est sans nom, on n'est plus rien,
La loi nous chasse de la ville,
On n'est plus qu'un bateau de chiens
Qu'on mène crever dans une île !

Refrain

Mais alors apparaît la Belle,
La faim, la lèpre, le cachot,
Les coups de poing des pays chauds,
Rien ne sera trop beau pour elle !
Pour la liberté, les requins
Auront notre chair de coquins
Et dans la forêt solennelle
Où la mort sonne à chaque pas,
Même lorsque tu ne viens pas,
C'et toi qu'on adore, la Belle !...

A l'enseigne des forçats-artisans

Les menus objets de l'artisanat des bagnards sont vendus aux visiteurs et aux curieux. Au rang des souvenirs rapportés figurent papillons empaillés, noix de coco sculptées, petites guillotines en bois...

Bagnard « chasseur de rats », terre cuite polychrome.

Ces objets en marqueterie de paille ont été fabriqués par des forçats au XVIIIe siècle : écritoire (ci-dessus), coffre (en bas à gauche), étui (en bas à droite).

Le cave entrave que dalle

L'univers de la pègre a, plus que tout autre, créé son langage. Le bagne a aussi son vocabulaire, recueilli par Maurice Alhoy en 1845. Certains termes ont survécu jusqu'à nos jours, d'autres ont disparu.

DICTIONNAIRE D'ARGOT BAGNES DE FRANCE AVEC LA TRADUCTION EN FRANÇAIS, EN REGARD

Arpion	Pied
Abati	Bras
Avoir à la bonne	Aimer.
Avoir dans le naze	Détester.
Abloquiseuse de verdouces	Marchande de pommes.
Arçonner une lourde	Frapper à une porte.
Abouler	Venir de suite.
Blaguer	Mentir.
Bogue, Toquente	Montre.
Balancer	Jeter, refuser.
Buter	Tuer.
Bile (se faire de la)	Se lamenter, chagriner.
Bonir	Dire.
Barboter	Fouiller.
Bouffarde	Pipe.
Bonniments	Discours.
Carrer (se)	Se garer, se garantir, se cacher.
Chasses	Yeux.
Cavale	Évasion.
Cadelle en jonc	Chaîne en or.
Cadelle en dure	Chaîne en fer.
Cadelle en fagots	Chaîne de forçats.
Cadelle en rouget	Chaîne de cuivre.
Cadelle en cé	Chaîne en argent.
Coltiner	Porter, saisir, conduire.
Cambrouse	Campagne.
Coubiner à la flanc	Travailler honnêtement.
Décarrer	Se sauver.
Détaler	Courir.
Durs	Fers.
De la haute	Être riche.
Defourayer	Retirer, sortir.
Dâbe	Père.
Douilles	Cheveux.
Épicier	Celui qui critique les autres.
Entiflage	Mariage.
Entraver	Comprendre.
Être marron	Reconnu.
Être entiffé d'une largue	Aimer une femme.
Être dans le nez	Être détesté.
Floueur	Celui qui tient des jeux défendus.

Frégate	Jeune forçat.
Frusques	Habillement.
Frangine	Sœur.
Flambant	Neuf.
Fagot	Forçat.
Faire suer un chène	Assassiner un homme.
Faire gaffe	Faire le guet.
Faire la manche	Demander quelque chose.
Filature (être en)	Suivre quelqu'un.
Faire le pet	Donner l'alerte.
Grommeler	Se fâcher.
Gaffe	Celui qui fait le guet.
Griffon	Chat.
Goguenot	Pot de nuit, baquet.
Guibolle	Jambe.
Gonsse	Homme.
Jaspiner	Parler, dire.
Jacter	Crier.
Lansquiner	Pleurer.
Louche	Cuillère.
Limace	Chemise.
Lingre, surin, vingt-deux	Couteau.
Lourde	Porte.
Larbin	Domestique.
Lever quelqu'un	Emmener une personne, l'attirer dans un lieu.
Maquyer la frime	Se peindre le visage.
Marlou	Adroit.
Mornifle	Monnaie.
Mouscaille	Excréments.
Nettoyer	Jugé, perdu sans ressource.
Nibe	Absent.
Piquer un Pédé	Lever un rivette.
Plomber de la gargue, danser tout seul	Puer, sentir mauvais de la bouche.
Pigeon	Facile à gagner au jeu.
Pincer	Arrêter.
Pogne	Main.
Planque	Cachette.
Pionser	Coucher, dormir.
Poivrier	Ivrogne.
Paumé	Arrêté, pris.
Rébouiser une ménesse	Regarder une dame.
Rouillarde	Bouteille.
Riffauder	Incendier.
Riffauder quelqu'un	Chauffer les pieds.

Refiler	Remettre, rendre, donner.
Renauder	Se fâcher.
Rappliquer	Revenir.
Ratichon	Aumônier.
Rupin	Elégant, bien mis.
Rigoler	Rire.
Rousse, la rousse	Agent de police, la police.
Surin	Sabre.
Soigner	Corriger.
Se gaver	Se griser.
Tune	Pièce d'argent.
Tirjus	Mouchoir.
Tartouffes	Menottes.
Trimar	Grand chemin.
Venterne	Croisée.
Venternier	Voleur qui grimpe la nuit aux croisées.
Zigue	Bon enfant.

Pierre Zaccone,
Histoire des bagnes,
1869

La plume contre les fers

En 1923, Albert Londres a 39 ans. Il est le plus célèbre journaliste français. Son premier article sur les bagnes de Guyane paraît le 8 août dans « le Petit Parisien ». Presque quotidiennement, l'enquête se poursuit jusqu'en octobre – avec un retentissement qui oblige le gouvernement à prendre des mesures pour rendre la peine des travaux forcés moins intolérable.

Le gouverneur de Guyane Chanel appuyé sur sa Delage en 1926.

Parmi les misérables

Il était cinq heures de l'après-midi quand j'arrivai dans la cour, les corvées étaient rentrées, le matricule 45.903, une figure de noyé, grelottait dans une voiture à bras. A côté de lui, le 42.708 lui caressait doucement les doigts qu'il avait bagués de tatouages.

– Com...man...dant, gémit le 45.903 à un haut chef qui passait, je travail...lais à Ba-duel, vous com...pre...nez. Je suis bon pour l'hô...pi...tal, j'ai la fièvre, oh ! la fièvre, pouvez-vous par bon...té, une cou...ver...ture.

– Donnez-lui une couverture.

– Mer...ci, com...man...dant, par bonté.

Et un petit chat qui voyait l'homme danser de fièvre, croyant que c'était pour jouer, sauta sur lui.

On me conduisit dans les locaux.

D'abord je fis un pas en arrière. C'est la nouveauté du fait qui me suffoquait. Je n'avais encore jamais vu d'hommes en cage par cinquantaine. Nus du torse pour la plupart, car j'ai oublié de dire que s'il ne fait pas tout à fait aussi chaud qu'en enfer, à la Guyane, il y fait plus lourd, torses et bras étaient illustrés. Les « zéphirs », ceux qui proviennent des bat'-d'Af, méritaient d'être mis sous vitrine. L'un était tatoué de la tête aux doigts de pieds. Tout le vocabulaire de la canaille malheureuse s'étalait sur ces peaux : « Enfant de misère. » « Pas de chance. » « Ni Dieu ni maître. » « Innocents », cela sur le front. « Vaincu non dompté. » Et des inscriptions obscènes à se croire dans une vespasienne. Celui-là, chauve, s'était fait tatouer une perruque avec une impeccable raie au milieu. Chez un autre, c'étaient des lunettes. C'est le premier à qui je trouvai quelque chose à dire :

Soleilland grâcié : ce qu'il méritait (à gauche), ce qu'il espère (à droite).

– Vous étiez myope ?
– Non ! louftingue.

L'un avait une espèce de grand cordon de la Légion d'honneur, sauf la couleur. Je vis aussi des signes cabalistiques. Et un homme portait un masque. Je le regardai avec effarement. On aurait dit qu'il sortait du bal. Il me regarda avec commisération et lui se demanda d'où je sortais.

Ils se préparaient pour leur nuit. Cela grouillait dans le local. De cinq heures du soir à cinq heures du matin ils sont libres – dans leur cage. Ils n'ont le droit de rien faire, ils font tout ! Après huit heures du soir, défense d'avoir de la lumière, ils en ont. Une boîte à sardines, de l'huile, un bout d'étoffe, voilà une lampe. On fait une rafle. Le lendemain on trouve autant de lampes. On rebiffe, ils rebiffent.

La nuit, ils jouent aux cartes, à la « Marseillaise ». Ce n'est pas pour passer le temps, c'est pour gagner de l'argent. Ils n'ont pas le droit d'avoir de l'argent, ils en ont. Ils le portent dans leur ventre. Papiers et monnaies sont tassés dans un tube appelé *plan* (planquer). Ce tube se promène dans leurs intestins. Quand ils le veulent ils... s'accroupissent.

Tous ont des couteaux. Il n'est pas de forçat sans plan ni couteau. Le matin, quand on ouvre la cage, on trouve un homme le ventre ouvert. Qui l'a tué ? On ne sait jamais. C'est leur loi d'honneur de ne pas se dénoncer. La case entière passerait à la guillotine plutôt que d'ouvrir le bec. Pourquoi se tuent-ils ? Affaire de mœurs. Ainsi finit Soleillant, d'un coup de poignard, un soir de revenez-y et de hardiesse mal calculée. Un des quatre buts du législateur quand il inventa la Guyane fut le relèvement moral du condamné. Voilez-vous la face, législateur ! Le bagne c'est Sodome et Gomorrhe – entre hommes.

Et une case ressemble à une autre case. Et je m'en allai.

La route coloniale nº Zéro

Elle s'appelle, en réalité, route coloniale *Numéro Un*.

Comme elle n'existe pas nous la baptisons *Numéro Zéro*.

C'est elle qui faisait dire, dans les vieux temps, aux apaches jouant leur va-tout : « Et si l'on est refait, on ira casser des cailloux sur la route ! »

Aujourd'hui, quand arrive à la visite un forçat bien réussi, pieds en lambeaux, fièvre le chatouillant partout et la mort riant entre les lèvres, le docteur lui dit :

– Tu viens de la route, toi ?
– Oui, M'sieur l'major !

En tête des lits, à l'hôpital, vous lisez comme nom de maladie : « Revient de la route. »

Quelle magnifique route ! Elle doit traverser toutes les Guyanes. On n'a pas ménagé les cadavres. On y travaille depuis plus de cinquante ans... Elle a vingt-quatre kilomètres !

Ce matin, je repris le canot automobile. Pour aller sur la route de Cayenne, il faut d'abord monter en bateau, à Cayenne. C'est comme ça ! Cayenne n'est pas la grande terre, comme le disent, gonflés d'espoir, ceux des roches du Salut. C'est une île aussi. Traversons donc la rivière, et voici la pointe Marcouria ; et, cette fois, c'est bien elle, la grande terre d'Amérique du Sud, celle où, depuis un demi-siècle, arrivèrent soixante mille Blancs aux reins solides et qui n'avaient rien à perdre, soixante mille Blancs qui allaient faire voir au monde comment nous savions faire les routes... Ah ! mais !

Monsieur le gouverneur Canteau n'a beau gouverner que par intérim, il eût visiblement préféré, ce matin, avoir à me montrer un merle blanc ou même un pivert à trois pattes. Il aurait toujours pu dire : « Attendez, on les cherche ! » Il vient d'arriver, ce n'est pas sa faute. Il ne dit pas non plus que ce soit la faute d'aucun : mais son embarras c'est que, me menant voir une route, il est certain d'avance que nous n'en trouverons pas.

Le surveillant de la pointe – il n'y a pas de route, mais pour une pointe il y a une pointe – n'était pas là. Il avait envoyé sa femme. Sa femme était bien pâle et en peignoir. Elle dit : « Mon mari regrette, mais la fièvre le mange, il est dans son lit et agite toutes ses couvertures. » On l'assura que cela ne faisait rien. Et pour donner un conseil à cette compatriote égarée sur cette pointe, on ajouta : – Faites-lui prendre de la quinine !

Un bagnard, derrière quatre planches, s'était installé commerçant. Je crus d'abord qu'il vendait des mouches. Il n'en était rien. Soigneux, il avait simplement recouvert sa marchandise avec des mouches, pour la préserver de la poussière. De sorte que nous n'avons pu savoir ce qu'il vendait.

C'était la pointe Marcouria.

Nous prîmes un camion automobile.

La route faisait un trou dans la brousse. Elle manquait à la forêt comme une dent manque à une mâchoire. On pouvait tout de même passer, en visant bien.

– Voyez le travail ! dit le gouverneur.

En Guyane, il pleut sept mois de rang, les cinq autres mois, il convient de sortir avec son parapluie. Lorsque, quittant la route, vous tâtez l'herbe du pied, vous trouvez le marécage. Les forêts sont des *pri-pri*, terres noyées. Quand, de temps en temps, vous apercevez une savane, n'y courez pas, c'est une savane tremblante. Au bout de cinq kilomètres, le forçat qui était au volant céda sa place à un camarade. Il en avait déjà plein les bras.

– C'est comme si, monsieur le gouverneur, on roulerait sur des œufs qui faudrait pas casser !

Le surveillant fou !

Voici l'emplacement de l'ancien camp. Ce camp vient d'être transporté au kilomètre 24. Ici reste une case. Cette case est le théâtre d'un drame, un drame à un personnage.

Dans le camion, le chef des travaux en avait avisé le gouverneur. Le surveillant du kilomètre 10, qui, chaque matin, reçoit les vivres et doit les répartir aux cent hommes du camp, est fou.

– Vous allez voir.

Nous descendîmes.

Un homme jeune, maigre, brun, l'œil narquois, un long couteau rouillé à la main, une scie à viande à côté de lui, derrière son établi, nous regardait venir en se dandinant.

= Monsieur le gouverneur, dit le chef des travaux, je dois vous informer que tout le monde se plaint de ce surveillant, les chefs et les transportés. Personne ne touche plus son poids de bœuf. Au camp, il n'arrive guère que des os. Cet homme désosse et racle tout. Et voyez ce qu'il fait de la viande.

Au-dessus de lui des cordes étaient tendues comme pour sécher du linge, mais c'étaient des lambeaux de viande qui pendaient, verts et noirs.

= Allons ! Qu'est-ce que c'est que ça ? répéta le gouverneur.

= C'est mes rations !

= Non ! monsieur le gouverneur, ce ne sont pas ses rations, c'est ce qui devait être autour des os, qu'il envoie au camp.

Toute cette charogne, dont les morceaux dataient de huit jours, ne puait pas. On en fit la remarque.

= Ça ne pue pas parce que je les camphre, dit l'homme.

= Il les camphre ?

= Oui, monsieur le gouverneur, il roule la viande dans du camphre.

= Allons ! qu'est-ce que c'est que ça ? répéta le gouverneur.

= C'est mes rations !

= Qu'en faites-vous ?

= Je vais vous le dire, monsieur le gouverneur, tous les dix jours, il en fait une caisse qu'il expédie à sa maîtresse, à Cayenne.

L'homme, rageusement, planta son couteau rouillé dans une cuisse de bœuf, puis il sortit son revolver. Il poussa la porte de son gourbi solitaire, décrocha un second revolver et se coucha sur les planches, une arme à sa droite, une arme à sa gauche.

Il était saoul aussi.

Les bagnards de la route connaissent bien le kilomètre 10. Quand ils arrivent à sa hauteur, ils font un crochet par la brousse. Le bruit des pas surexcite l'homme au camphre. Parfois sans se lever, il tire sur le passant, à travers la porte.

C'est un gazé de la guerre.

Le bagne, le vrai !

La Guyane est un pays inhabité. Son territoire fait le tiers de la France, mais elle n'a que vingt-cinq mille habitants = encore quand on compte avec amitié. Le Guyanais qui va se promener prend son fusil comme nous notre parapluie. C'est l'habitude. En dehors de ceux qui font de la politique, ce qui nourrit, les autres sont des coureurs des bois, balatistes (qui saignent le balata), chercheurs d'or. C'est vous dire qu'il y a peu de villages.

Voici pourtant Marcouria.

On nous fait entrer dans une charmante cage à lapins : la mairie. En notre honneur, le curé et le maire se sont réconciliés. Le curé, grâce à sa belle barbe rousse, sans doute, avait subtilisé une pénitente au maire, une petite *Doudou*, et ça n'allait plus ! Nous buvons le champagne. Le secrétaire de mairie était là, aussi. Est-ce l'émotion ? Est-ce la coutume du pays ? Sitôt qu'il eut bu, comme un bébé joufflu qui se dégonfle il souffla tout le liquide par la figure du gouverneur. Le gouverneur dit : « Ça ne fait rien ! »

Repartons.

Toujours des *pri-pri*, toujours des savanes tremblantes. Nous arrivons au kilomètre 24. C'est le bout du monde.

Et pour la première fois, je vois le *bagne !*

Ils sont là cent hommes, tous la maladie dans le ventre. Ceux qui sont debout, ceux qui sont couchés, ceux qui

Ces dessins au fusain, montrant les activités des bagnards dans la brousse guyanaise : récolte du balata, chasse aux papillons, sont attribués à Dieudonné.

gémissent comme des chiens.

La brousse est devant eux, semblable à un mur. Mais ce n'est pas eux qui abattront le mur, c'est le mur qui les aura.

Ce n'est pas un camp de travailleurs, c'est une cuvette bien cachée dans les forêts de Guyane, où l'on jette des hommes qui n'en remonteront plus.

Vingt-quatre kilomètres dans ces conditions-là, mais c'est magnifique en soixante ans ! Dans quatre siècles, nous aurons probablement réuni Cayenne à Saint-Laurent-du-Maroni, et ce sera plus magnifique encore !...

Pourtant, la question serait de savoir si l'on veut faire une route ou si l'on veut faire crever des individus. Si c'est pour faire crever des individus, ne changez rien ! Tout va bien ! Si c'est pour faire une route...

D'abord, ils ne mangent pas à leur faim. Aucun forçat ne mange à sa faim ; mais les autres ne font rien. Ceux-là, le temps de souffler, n'ont plus la force de lever la pioche.

Ensuite, ils sont pieds nus. La « Tentiaire » dit : « Quand ils avaient des souliers, ils les vendaient ! » Possible. On pourrait peut-être inventer des souliers faciles à reconnaître aux pieds du peuple libre qui les achète ! Ils sont pieds nus, c'est-à-dire sur le flanc, leurs pieds ne les portant plus : chiques, araignées des criques, pian-bois (plaies ulcéreuses). C'est affreux à voir...

– Et à traîner, donc ! fait une voix.

On met, pour ouvrir la route, des misérables qui ne peuvent plus marcher !

Ce n'est que l'extérieur, ce qui se voit. Le mal qui les mine en dedans s'appelle *ankylostomiase*. Ce sont des vers infiniment petits, qui désagrègent l'intestin. Tous les bagnards en sont atteints. C'est ce qui leur vaut ce teint de chandelle, ce ventre concave, et qui fait que plus l'heure approche où leurs yeux se fermeront, plus leurs yeux s'agrandissent !

Pour eux, la quinine étant considérée comme un bonbon, on ne leur en donne que lorsqu'ils sont sages ; alors la fièvre accourt tambour battant dans ce champ de bataille.

Les travaux forcés ? Oui. La maladie forcée ? Non.

J'entre dans une case. Sur cent travailleurs, quarante-huit aujourd'hui sont abattus. Sous des moustiquaires noires de crasse, mais trop petites, leurs bras dépassent, leurs pieds dépassent et la plus infernale invention de Dieu, le moustique, mène là sa danse.

Les forçats ne me voient pas passer, même ceux qui regardent. La fièvre les a emportés dans son cercle enchanté. Ils gémissent et l'on ne sait si leurs gémissements sont un chant ou une plainte. Ils tremblotent sur leur planche comme ces petits lapins mécaniques quand on presse la poire.

Ce sont les terrassiers !

Quand on veut faire une route, on s'y prend autrement.

La case commune

Le soir, à huit heures, à l'île Royale, le commandant me dit :

– Cela vous intéresserait-il de jeter un coup d'œil dans une case, la nuit ?

– Oui.

– Si vous entrez, vous ne verrez rien : ils se donneront en spectacle. Je vais vous conduire devant un judas. Vous y resterez le temps que vous voudrez.

Ils étaient allongés sur deux longs bat-flanc, le pied pris dans la manille (la barre). De petits halos faisaient des taches de lumière. C'étaient les *boîtes de sardines* qui éclairaient. Ils ne jouaient pas aux cartes. Quelques-uns se promenaient, ceux qui avaient pu se déferrer. Les manilles sont d'un même diamètre et il y a des chevilles plus fines que d'autres. Ils s'insultaient. J'entendis :

= Eh ! l'arbi ! C'est-y vrai que ta mère...

Ils parlaient de l'événement du jour, de la visite du journaliste.

= Tu crois qu'il y fera quelque chose ? Rien, j'te dis. D'ailleurs, nous n'avons plus rien de commun avec les hommes, nous sommes un parc à bestiaux.

= Ça ne peut tout de même pas durer toute la vie.

= T'avais qu'à ne pas tuer un homme.

= Et toi, qui qu't'as tué ?

= Prends le bateau et va le demander au juge d'instruction du Mans, s'il veut te recevoir.

Aucun ne dormait. On voyait des couples. Un sourd brouhaha flottait, déchiré de temps en temps d'un éclat de voix fauve. Par l'odeur et la vue, cela tenait de la ménagerie.

= J'irai le trouver, demain, pour lui prouver que je ne suis pas fou. Ah ! le manchot (un surveillant) dit que je suis fou ! J'irai le trouver, le journaliste.

= Et puis, après ? C'est de la clique comme les autres.

Et l'un, d'un ton de faubourg, me fixa définitivement sur la nature de ma personne :

= Va ! ne crains rien, il fait partie de la viande qu'on soigne !

Au « diable »

Au Diable ! Ce n'est pas de cet îlet que vient l'expression. Si chaque fois que l'on envoie un concitoyen au diable, le maudit devait débarquer ici, l'humanité serait trop sévère.

Les condamnés appellent le Diable : le Rocher noir.

On croirait n'avoir qu'à enjamber pour passer. C'est une tout autre affaire.

Naguère, un câble aérien réunissait les deux îles. Ainsi, chaque matin, dans un petit wagonnet, partait le ravitaillement. On ne va pas quand cela vous chante chez les déportés. Un goulet sépare les deux terres. Le courant est impératif. Aucun bateau ne s'y aventure. La mer ici semble un mur hérissé de tessons de bouteilles.

Au pied de l'abattoir, le canot nous attendait.

Les requins connaissent les jours de tuerie. Ils accourent dans l'anse dont l'eau se rougit. On les voit à la surface se réjouir du sang des bœufs.

Le forçat boucher accroche un paquet d'intestins à un harpon. Il va nous sortir un squale. Le monstre mord à la minute. Le forçat ferre trop tôt. La bête retombe à l'eau, gueule déchirée.

Nous embarquons.

Pour franchir à pied la distance de Royale au Diable, trois minutes suffiraient. Nous voici en route depuis un quart d'heure. Six rameurs. Nous n'avons presque pas décollé de Royale.

Ce sont six rudes galériens pourtant ! Leur mâchoire est agrafée. On dirait que c'est avec elle qu'ils tirent le canot. Mais chaque fois qu'ils gagnent un mètre, les rouleaux nous repoussent de deux.

Le commandant Masse, le docteur Clément, nous sommes neuf. Aucun ne parle. Le hasard de ces minutes nous impose. Un orage s'abat à droite : rideau de fer qui descend sur l'horizon. L'orage fonce sur nous comme une charge de cavalerie.

Nous ne parlons pas. Dans un suprême effort, les forçats enlèvent le canot et sortent du tourbillon.

– C'est fait ! dit Seigle.

Nous sautons sur le « Diable ». Ouvrez les bras et vous tiendrez l'île contre votre cœur. C'est tout son volume.

L'affaire Ullmo : la lecture du verdict.

Dreyfus l'inaugura. Il y resta cinq ans, seul. Voici son carbet. Il est abandonné. Je le regarde et c'est comme une très ancienne histoire que l'on me conterait.

Voici son banc. Chaque jour, le capitaine venait s'y asseoir, les yeux fixés, dit la légende, sur la France, à quatre milles par l'Atlantique.

Vînt Ullmo. Là est sa case. Il y reçut le baptême, la communion. Voici sa lampe, son cocotier.

La guerre a peuplé le rocher. Maintenant ils sont vingt-huit, deux par baraque.

– Ne rappelez pas mon nom, supplie celui-là portant barbe noire.

– Qu'avez-vous fait ?

– En 14, j'ai écrit à la *Gazette de Cologne* pour lui dire que je pourrais lui fournir des renseignements.

Il est l'infirmier de ses camarades.

Ils ont un peu débroussé et cultivent d'étroits jardins.

Voici un Annamite qui ne parle qu'annamite.

Voici un Chilien.

C'est tout.

Ile du Diable ! tombeau de vivants, tu dévores des vies entières. Mais ton silence est tel que pour le passant tu n'es qu'une page !

« Quand vous arriverez à Saint-Laurent, vous serez effrayé », m'avait-on dit. Je ne fus pas du tout effrayé (en arrivant). C'est très gentil, Saint-Laurent. Regardez ces rues ! Râtissées, peignées, pomponnées. Et ces maisons ! Mais c'est tout neuf ! On se sent ravigoté. On refuse net la voiture de la « Tentiaire » qui vous attend et l'on part à pied, fier d'être piéton et même français. Voilà l'hôtel de ville ! Mais c'est un bel hôtel de ville ! Et le palais de justice, donc ! Il n'est pas terminé. Je dois même dire que, depuis cinq ans, il est en cet état, et qu'il s'abîme avant l'achèvement. On manque de bois ! Il n'y a pas d'air, j'étouffe ; les forêts m'entourent, mais on manque de bois ! C'est tout de même un beau palais de justice.

Saint-Laurent-du-Maroni est le royaume de l'administration pénitentiaire. C'est une royauté absolue, sans Sénat, sans Chambre, sans même un petit bout de conseil municipal. C'est la capitale du crime.

Le roi règne et gouverne, c'est M. Herménégilde Tell.

Son premier ministre est M. Dupé.

MM. Masse, Michel, Nairinec, Vitalien, Cordonnié, Toutblanc sont sous-secrétaires d'État.

Les pages sont de jeunes et brillants assassins, les sympathiques « garçons de famille ».

D'un côté de Saint-Laurent par une route (17 kilomètres) qui va à Saint-Jean, la ville des relégués, autrement dit « pieds de biche ».

De l'autre côté, une autre route (22 kilomètres) qui, passant par les camps, conduit à Charvein.

C'est tout ! Après cet effort on s'est épongé le front. On a fait avancer son fauteuil, crié : ouf ! et l'on n'a plus bougé.

– Madame l'administration pénitentiaire, ce que vous avez fait là est fort bien.

– Pas mal, monsieur.

– Vous nous avez prouvé que lorsque vous vouliez...

– Mais je ne veux plus, monsieur.

– Pourquoi ?

– C'est trop difficile.

– Mais pourtant, la colonisation.

– Il fait trop chaud.

– Allons ! du courage. Prenez cet éventail. Maintenant que vous avez créé Saint-Laurent, montez plus haut, débroussez, bâtissez.

– La barbe ! monsieur !

– Alors, vous ne voulez plus planter une rame ?

– Non, monsieur.

– Vous ne voulez pas élever de bœufs ? Vous savez que cela coûte cher à la France d'acheter des bœufs au Brésil et au Venezuela.

– Pauvre France !

– Alors que faites-vous ici ?

Madame « Tentiaire » se dressa :

– Je règne, monsieur. Je règne sur le paludisme et l'ankylostomiase. Je règne sur la dégradation de neuf mille sept cents hommes, transportés, libérés, relégués. Je règne sur les requins des îles et les bambous de Cayenne et de Saint-Laurent. Je protège les arbres balata et les mines d'or. Si je traçais des routes, s'abattraient dans ce pays des bandes qui saigneraient ces arbres, qui violeraient ces mines. Je régnerai longtemps, monsieur. La crapule est nombreuse. J'ai encore reçu six cent soixante-douze sujets hier. Mon royaume est solide, et, comme l'a dit Louis XV, mon aïeul : « Cela durera bien autant que moi. »

Les libérés

Saint-Laurent est la fourmilière du bagne. C'est là que les coupables désespèrent en masse. Quelques comptoirs pour l'or et le balata, le quartier administratif, un village chinois, des nègres bosch, nus, qui ravitaillent les placers et rapportent les lingots, et, animant cela, des forçats, des « garçons de famille » pressés et empressés et tout le régiment rôdeur, inquiet, loqueteux des *quatrième-première* : les pitoyables libérés.

C'est par ses libérés que Saint-Laurent ressort.

Là, on fait le doublage, et là demeurent à perpétuité (mais meurent bien avant !) les forçats condamnés à huit ans et plus et qui ont achevé leur peine.

Que font-ils ? D'abord ils font pitié. Ensuite, ils ne font rien. Les concessions ? Ah ! oui ! « A leur libération, les transportés pourront recevoir une concession... » Il y en a. Mais à peu près autant que de bâtons de maréchal dans les sacs d'une brigade qui passe.

Alors, hors de prison, dans la rue, sans un sou, portant tous sur le front, comme au fer rouge et comme recommandation : ancien forçat ; avilis, à la fois révoltés et matés, minés par la fièvre, redressés par le tafia, vont, râlent, invectivent, volent et jouent du couteau, les parias blancs de Saint-Laurent-du-Maroni.

Leur formule est juste : le bagne commence à la libération. Qu'ils travaillent ! Où ça ? ils ont une concurrence qu'ils ne peuvent battre : celle des forçats en cours de peine. Exemple : une société, la Société forestière, vient s'installer en Guyane. C'est la première. Les libérés voient un espoir, ils vont avoir du travail. Catastrophe ! Le ministère accorde à cette société deux forçats officiels à 75 centimes par jour.

Et les libérés, le ventre creux, regardent passer les bois.

Chez les particuliers ? Ils sont peu, car tel est ce pays, et si nouveau que cela vous semble, il faut vous y faire, qu'il y a trente assassins et voleurs contre un simple citoyen. Et puis les particuliers ont des « assignés ». Ce sont les forçats de première classe employés en ville.

Dans les comptoirs ? Oui, quelques-uns travaillent dans l'importation et l'exportation, mais quelques-uns seulement, parce qu'il n'y a que quelques comptoirs.

Alors que font-ils ?

1° Ils déchargent, deux fois par mois, les cargos américains et français qui apportent des vivres.

2° Ils mangent = je veux dire ils boivent = en un jour et une nuit les cinquante francs guyanais qu'ils viennent de gagner.

3° Ils se prennent de querelle et l'on entend ce cri qui ne fait même plus tourner la tête aux passants : *Ah ! Ahn ! Ah ! Ahn !* C'est un libéré qui vient de recevoir un couteau dans le ventre.

4° Ils « font » la rue Mélinon comme des bêtes de ménagerie derrière leurs barreaux, avant l'heure du repas. Mais pour eux, le repas ne vient pas.

5° Le samedi, ils vont au cinéma. Les vingt sous du cinéma sont sacrés. Ils mourront de faim devant ce billet, mais ils iront au cinéma.

6° A onze heures du soir, ils se couchent sous le marché couvert et, avant de s'endormir sur le bitume, sèchent les plaies de leurs pieds avec la cendre de leur dernière cigarette.

7° A cinq heures du matin, on les réveille à coups de bottes : place aux légumes !

Je rêve encore chaque nuit de ce voyage au bagne. C'est un temps que j'ai passé hors la vie. Pendant un mois, j'ai regardé les cent spectacles de cet enfer et maintenant ce sont eux qui me

regardent. Je les revois devant mes yeux, un par un, et subitement, tous se rassemblent et grouillent de nouveau comme un affreux nid de serpents.

Assassins, voleurs, traîtres, vous avez fait votre sort, mais votre sort est épouvantable. Justice ! tu n'étais guère jusqu'à ce jour, pour moi, que la résonance d'un mot ; tu deviens une Déesse dont je ne soutiens plus le regard. Heureuses les âmes droites, certaines, dans le domaine du châtiment, de donner à chacun ce qui lui appartient. Ma conscience est moins sûre de ses lumières. Dorénavant, si l'on me demande d'être juré, je répondrai : Non !

Albert Londres,
l'Homme qui s'évada,
1927

L'affaire Seznec

La plus embrouillée des affaires judiciaires du XXᵉ siècle, l'un des bagnards les plus célèbres pour un crime sans cadavre, une enquête bizarre et des questions aujourd'hui encore sans réponses.

Propriétaire d'une scierie près de Morlaix dans les Côtes-du-Nord, Guillaume Seznec et l'un de ses amis. Pierre Quémeneur, conseiller général de Sizun, mettent sur pied, en 1923, une affaire de voitures d'occasion à partir de véhicules laissés en France par l'armée américaine après la Première Guerre mondiale. La jeune Union soviétique, ayant un urgent besoin d'automobiles, est la destinataire de ce trafic qui concerne également de hautes personnalités françaises. Le 25 mai 1923, les deux hommes quittent la Bretagne pour Paris à bord d'une vieille Cadillac en mauvais état. Quarante-huit heures plus tard, dans la nuit du 27 au 28, Seznec revient seul à son domicile. Il explique que la Cadillac a eu plusieurs pannes et qu'à Dreux, il s'est séparé de Quémeneur qui préférait prendre le train pour rejoindre la capitale.

Après deux semaines, Quémeneur n'ayant pas reparu chez lui, sa famille s'inquiète et alerte la police dont les soupçons se portent vers Seznec. Le 30, il est accusé d'assassinat et jugé par la cour d'assises de Quimper à l'automne 1924. Les enquêteurs n'ont retrouvé ni le cadavre de Quémeneur ni démêlé les fils embrouillés des relations d'affaires entre l'accusé et sa victime présumée. Le procès passionne l'opinion publique qui se partage en adversaires et partisans de l'innocence de Seznec. Ce dernier, maladroitement, adresse à sa femme des lettres où il lui demande de soudoyer des témoins pour l'innocenter. Ces missives, interceptées, pèsent lourd dans la décision des jurés. Ils le condamnent aux travaux forcés à perpétuité. Le condamné continue de clamer son innocence, déclare « je paie pour d'autres » et affirme que Quémeneur est parti pour l'étranger.

Le premier hebdomadaire des faits-divers

4e Année - N° 138 — 1 FR. 50 - TOUS LES JEUDIS - 16 PAGES — 18 Juin 1931

DÉTECTIVE

L'ultime évasion

Le soir où Madame Seznec mourait à l'hôpital Beaujon, s'évadant ainsi de la vie, Seznec tentait, sur une embarcation de fortune, de quitter les îles, de s'enfuir du bagne où il était arrivé voici cinq ans.

(Lire, pages 4 et 5, le reportage de Marius Larique, notre envoyé spécial à Cayenne.)

Seznec in

La femme et la mère de Seznec ne cessent de multiplier les démarches pour faire réviser le procès. La Ligue des droits de l'homme et du citoyen les soutient. Parti pour la Guyane, Seznec fait plusieurs tentatives d'évasion. En 1933, alors qu'il est enfermé à l'île Royale, le commandant des îles du Salut écrit : « Seznec n'est plus qu'une pauvre chose : il ratisse les alentours de mon logement, entretient quelques arbustes et je le gratifie de paquets de tabac. Il me dit ses espoirs. Mais il faudrait que ses amis fassent vite s'ils ne veulent pas réhabiliter un mort. »

Le condamné a en effet 55 ans, un âge vénérable pour le bagne. Il survit cependant et est rapatrié en 1947 avant

nocent ?...

de mourir à Paris en 1954, sans que l'obscure affaire dont il avait été le héros ait été éclaircie. Aujourd'hui encore, son petit-fils et de nombreux hommes de loi œuvrent toujours pour la révision du procès. Mais, dès 1933, un autre condamné célèbre, Eugène Dieudonné, de retour en France, témoigne pour Seznec dans un article de la revue *Détective* : « Troublante affaire s'il en fut... Après dix ans, le mystère reste entier. La preuve de la culpabilité de Guillaume Seznec est encore à faire... En Bretagne, l'affaire Seznec a pris les proportions d'une petite affaire Dreyfus. Le forçat breton a ses défenseurs. Il a aussi ses détracteurs. Nul ne reste indifférent et ceux qui ne disent rien n'en ont pas moins leur opinion, qui les range dans l'un ou l'autre camp.

J'ai eu l'occasion de rencontrer à Paris une infirmière bretonne de la Croix-Rouge, décorée de la guerre. Elle avait enseveli pieusement la dépouille mortelle de l'admirable Marie-Jeanne Seznec, décédée, en mai 1931, à l'hôpital Beaujon.

= Que pensez-vous de Seznec, Madame ?

Son regard droit, franc, se planta dans mes yeux. D'une voix nette, elle me répondit :

= Je pense qu'il est innocent !...

= Puis-je vous demander d'où vient votre conviction ?

= Ce n'est pas une conviction, Monsieur, c'est une certitude. Et plus d'un la partage. L'évêque de Cayenne, Monseigneur Delaval, a reçu en confession, de Seznec lui-même, l'aveu de son innocence. Un Breton croyant, comme Seznec, ne saurait mentir à son confesseur.

= Monseigneur Delaval est mort, je crois ?

= Précisément. Avant de mourir, il s'est fait délivrer du secret confessionnel pour apporter cette preuve morale en faveur de l'innocent.

L'infirmière me parle avec une foi calme et ardente. Nous évoquons alors l'admirable figure de Marie-Jeanne Seznec, la femme du forçat... Celle qui ferma, de ses doigts tendres, les yeux de la mourante, me parle de son dévouement, de son grand amour, de son espérance...

= Au-dessus de la disparition de Pierre Quémeneur, me dit-elle, au-dessus des ténébreux arcanes de cette affaire, au-dessus des passions, des intérêts et des haines plane le plus pur sentiment d'amour de toute une famille bretonne où tous les membres se sont sacrifiés pour le père malheureux. La fille aînée de Seznec est morte au Carmel, d'avoir tant pleuré, tant prié et tant souffert. Ses deux autres fils sont au séminaire. Marie-Jeanne, épouse sublime, femme d'un seul amour, a forcé l'admiration de tous en gravissant son dur calvaire. Et Marie-Jeanne est morte ! » ...

Une larme avait perlé aux yeux de l'infirmière. D'une voix lente, émue, elle me parla des dernières heures de la compagne du forçat, de son agonie paisible sur laquelle planait encore l'espérance d'un retour prochain.

Michel Pierre.

De Tasmanie en Sibérie

En dehors de la colonisation pénale française, l'Histoire a surtout gardé le souvenir de celle de l'Angleterre en Australie et de l'Empire russe en Sibérie.

Le 26 janvier 1788, une flotte de onze navires transportant 1 030 personnes (dont 188 femmes) jette l'ancre devant Port Jackson, aujourd'hui Sydney, en Australie. Ces premiers colons sont des condamnés issus des prisons anglaises et constituent l'avant-garde d'un flux de 162 000 hommes, femmes et enfants qui furent déportés en ces lieux jusqu'au 10 janvier 1868. A cette date, un navire déposa sur la côte australienne une soixantaine de prisonniers politiques irlandais et des malfaiteurs plus ordinaires. Dans son journal, Philip Gidley King, second lieutenant d'un des bâtiments de l'escadre de 1788, rapporte les conditions de sécurité à bord des bateaux :

Des cloisons très solides et très épaisses, couvertes de clous, couraient d'un bout à l'autre du bateau entre les ponts à l'arrière du mât. On avait pris soin d'y pratiquer des ouvertures pour tirer en cas de désordres. On avait aussi dressé une barrière de madriers d'un mètre de haut, armés de dents en fer pointues sur le pont supérieur, à l'arrière du mât, pour empêcher tout contact entre les matelots et... les convicts. Des sentinelles sont postées aux différentes écoutilles et un garde toujours armé fait le guet sur le gaillard arrière pour obliger les convicts à se tenir tranquilles.

Et un jeune Ecossais, Thomas Watling, condamné de la première flotte, mentionne l'impression désastreuse que lui fit la terre d'exil :

Il faudra attendre bien longtemps avant que la colonie puisse ne serait-ce que subvenir à ses besoins. Quoi qu'il en soit, notre pays si réputé pour sa miséricorde et la générosité de ses sentiments s'obstinera, je n'en doute pas, à préserver cette situation. Après avoir vu tant de cruauté gratuite [infligée à de pauvres diables à bord des bateaux-pénitienciers anglais], que puis-je en conclure raisonnablement ? – la Bastille ou l'Inquisition française n'ont pas pu générer davantage d'horreurs.

Plus que tout, le jeune Ecossais s'offusquait d'être plus mal traité que les aborigènes – ces « barbares » :

Bon nombre de ces sauvages oisifs ont droit à ce que l'on qualifie de rations d'homme libre... On leur consent des vêtements dont ils se débarrassent à la première occasion et on les traite avec la plus singulière affection. Vous trouverez sans doute cela louable ; mais montre-t-on la moindre once d'humanité à l'égard de ces misérables convicts qui ont au moins le mérite d'être des chrétiens ? Non... Ceci est peut-être de la philosophie, selon les calculs de nos rigoureux dictateurs, mais c'est, à mon avis, la plus perfide qui soit.

Si l'exode des condamnés commence modestement, de 1788 à 1800 (42 bâtiments seulement se rendent aux antipodes), le mouvement s'accélère après 1815. A son apogée, en 1831 et 1835, quelque 133 vaisseaux déposent 26 731 convicts sur le littoral australien, l'année 1833 battant tous les records avec 36 bateaux et 6 779 prisonniers. Les premiers convois enregistrent de terribles pertes. Ainsi, en 1791, sur 1 006 condamnés partis de Portsmouth, 267 périssent en mer et 150 au minimum après l'accostage. Rien d'étonnant à cela si l'on en croit le témoignage d'un de ces voyageurs forcés, Thomas Milburn :

[Nous étions] enchaînés deux par deux et enfermés dans la cellule tout le temps de la traversée... On nous octroyait tout juste assez de victuailles pour rester en vie, très peu d'eau. Pour ma part, j'aurais pu manger trois ou quatre fois plus et vous savez très bien que je ne suis pas un gros mangeur.... Quand l'un de nos compagnons mourait, nous le gardions secret jusqu'à ce que l'odeur soit trop forte, pour avoir sa ration, et combien de fois j'ai dévoré le cataplasme qu'on me mettait sur la jambe, tellement j'avais faim. J'étais enchaîné à Humphrey Davies qui mourut à peu près à mi-chemin et je restai environ une semaine étendu près de son cadavre pour manger sa part.

Conditions d'autant plus effroyables que le voyage peut durer jusqu'à 252 jours à la fin du XVIIIe siècle. Par la suite, il se fait moins long et dans les années 1830, la plupart des navires effectuent la traversée en moins de 110 jours.
Parmi les prisonniers, les catholiques irlandais sont particulièrement nombreux et subissent la haine de leurs geôliers et même des missionnaires évangélistes. L'un de ces derniers, Samuel Marsden, les juge ainsi :

Les convicts catholiques sont très nombreux... ils composent dans l'ensemble la classe la plus vile de la nation irlandaise, qui est la race la plus barbare et la plus ignorante jamais touchée par la lumière de la Civilisation ; des hommes qui dès l'enfance se sont accoutumés à soumettre les crimes les plus horribles. Leur esprit dénué de tout principe de moralité ou de religion leur permet de perpétrer de sang-froid les actes les plus infâmes... Comme ils ne vivent que pour la rébellion et la discorde, ils sont extrêmement dangereux. On ne peut absolument pas leur faire confiance... Ils sont superstitieux, rusés et traîtres... Si on le tolérait, ils s'assembleraient à tout moment, non pas pour célébrer la messe, mais pour ressasser les misères et l'injustice de leur bannissement, les épreuves qu'ils endurent, et s'exalter mutuellement par quelque projet de revanche barbare.

Comme dans tous les bagnes du monde, les condamnés doivent exécuter des travaux forcés et présentent au visiteur un spectacle pitoyable :

Les groupes de convicts... revenant de leur travail en une seule file comme des soldats, quelques solitaires traînant ici et là, dans leurs uniformes en laine blanche de Parramatta ou leurs blouses grises et jaunes, et leurs pantalons de toile (cette différence de tenue dénotant leur ancienneté), tout barbouillés de larges flèches et de numéros peints en noir et rouge, en blanc ; avec peut-être encore une chaîne de forçats défilant d'un air lamentable dans le cliquetis de leurs fers, en disent bien assez long.

Pour les récalcitrants, les évadés repris, les fortes têtes, l'administration dispose d'une large gamme de châtiments, tels ceux subis en 1835 par Robert Williamson, un voleur de chevaux :

1835

3 janvier : Surpris en possession d'une lime : 6 semaines de travaux forcés.

21 février : Négligence au travail : 6 semaines de travaux forcés.

28 mars : Pour s'être enfui de la prison et absenté sans autorisation jusqu'à son arrestation ce jour à Sympathy Point par un groupe de gendarmes et de soldats : 75 coups de fouet.

28 mars : Même date – ayant été trouvé en possession d'outils appartenant au gouvernement destinés à faciliter son évasion... ayant cambriolé l'atelier du campement : 10 jours de réclusion dans une cellule de la Mine.

4 septembre : Pour s'être absenté de son lieu de travail : 10 jours de réclusion.

6 novembre : Pour s'être à nouveau absenté pendant plusieurs heures : 10 jours *idem*.

3 décembre : Pour avoir incité ses camarades à s'évader : 6 mois dans les fers.

19 décembre : Pour avoir cherché à forcer ses fers : 36 coups de fouet.

Dès 1838, une commission dénonce à Londres les conditions de la déportation et montre comment certains condamnés, écrivant à des amis restés en Angleterre, travestissent la vérité :

Presque tout le monde ici ignore... la masse de souffrances réellement infligées au criminel déporté et en sous-estime la gravité... En arrivant là-bas, ils découvrent qu'on les a cruellement trompés et que leur sort est bien plus atroce qu'ils ne s'y attendaient... Car ceux qui écrivent à leurs amis sont généralement mieux lotis que la moyenne et transforment de surcroît la réalité ; tandis que ceux qui connaissent les vrais tourments de la déportation et sont hantés par « un sens perpétuel de leur avilissement » éprouvent rarement le besoin de narrer leurs souffrances, à moins de disposer d'amis haut placés susceptibles de leur prêter assistance.

Et à la disparition du système de déportation en Australie, on peut constater que la croissance démographique est bien plus importante dans les régions d'Australie qui ont accueilli des colons libres et non des convicts. La Tasmanie et l'Australie occidentale, territoires privilégiés de la colonisation pénale, mirent des décennies à se remettre de cette origine de peuplement. Par contre, les régions du Queensland (dont la population quadruple de 1861 à 1871 pour atteindre 122 000 âmes), de Victoria (77 000 habitants en 1871) ou d'Australie du Sud (qui passe de 66 500 habitants en 1851 à 189 000 en 1871) se développaient de façon spectaculaire. La ruée vers l'or, l'essor foncier et le développement agricole firent plus pour l'Australie que les tribunaux de Grande-Bretagne.

D'après Richard Hughes,
la Rive maudite, 1988

Sibérie : la plus grande prison du monde

Selon une vieille tradition, la cloche du couvent d'Ouglitsch est la première condamnée à la déportation en Sibérie en 1593 sur ordre du tsar Boris Godounov. N'avait-elle pas donné le signal d'une rébellion ? Jusqu'aux années 1630, on condamne à l'exil uniquement les opposants au régime, puis le sont bientôt voleurs et bandits. Dans la seconde moitié du XVIIe siècle, de nombreuses peines sont remplacées par le bannissement ; ainsi en 1653, le tsar ordonne de remplacer la peine de mort pour banditisme par le bannissement et la mutilation. En 1667, la peine de mort pour sacrilège est convertie en bannissement et à partir de Pierre Ier, l'exil châtie les individus coupables de trafic de vodka et de tabac.

En 1727, bannissement et travaux forcés sont unifiés et bientôt se distingue le bannissement perpétuel (appelé « colonisation » dans les textes officiels) de l'exil à caractère temporaire. Quelques années plus tard, en 1760, une ordonnance donne aux propriétaires le droit de transporter en Sibérie leurs paysans « arrogants ».

En 1845 est promulgé un code pénal qui reste en vigueur jsuqu'à la Première Guerre mondiale. Il précise et distingue les peines capitales – la mort, les travaux forcés (en Sibérie), le bannissement (en Sibérie), l'exil avec limitation des droits (en Sibérie) – des peines correctionnelles – l'exil sans privation des droits, la déportation à demeure (en Sibérie et au Caucase), la prison avec ou sans travail obligatoire, les amendes, les réprimandes, etc.

A côté de cette législation, liée à l'action des tribunaux réguliers, existent des condamnations administratives laissées à l'initiative des hauts fonctionnaires locaux et des chefs militaires. Après 1881, ces déportations administratives deviennent extrêmement fréquentes. Et si un condamné par un tribunal régulier sait, après un procès, pourquoi il part pour la Sibérie, aucune explication ne suit les décisions administratives. Selon l'enquête faite par le journal *Strana* en 1881, à Kholmogor, 20 % des déportés n'ont pas la moindre idée des causes ou des prétextes de leur sort. Un condamné administratif ne peut ni demander une enquête, ni une confrontation avec des témoins et son sort demeure longtemps ignoré de ses proches.

D'après les enquêtes gouvernementales, il y a au début de 1898 en Sibérie 31 000 détenus de toutes les catégories et leurs familles, dont 11 000 forçats en cours de peine, 40 000 bannis après exécution de la peine des travaux forcés, 10 000 exilés par un verdict judiciaire et 148 000 exilés par décision administrative.

Le drame des condamnés et de leurs familles commence dès le transport qui s'effectue, à la fin du XIXe siècle, par chemin de fer, par bateau ou à pied. Dans ce dernier cas, le convoi parcourt 28 à 33 kilomètres par jour et le voyage dure près de trois mois ! Les condamnés portent des fers aux pieds et aux mains (les femmes seulement aux mains) et ils sont attachés par quatre. Arrivés sur place, les forçats travaillent dans des mines de charbon ou d'or, à la construction des routes ou des bâtiments. A la fin de leur peine, ils obtiennent des lopins de terre, mais le sol et souvent trop pauvre pour donner des récoltes et les agriculteurs, dépourvus d'outillage, sont incapables de les mettre en valeur. Quant aux exilés, ils quémandent du travail et trouvent parfois des places d'employés ou d'instituteurs pour les hommes, de couturières ou de blanchisseuses pour les femmes. Beaucoup ne survivent que par le vol et tous souffrent de la misère. Ainsi, dans le département d'Irkoutsk, chaque hiver, 70 à 80 % de la population connaissent la famine. Le taux annuel de mortalité se situe entre 3,9 % et plus de 16 % en cas d'épidémie, mais atteint parfois 37 % ! Ainsi à Tiumen entre 1876 et 1886. Reste l'espoir de l'évasion : tous les convois à destination de la Sibérie comptent un tiers de condamnés faisant le voyage pour la deuxième ou troisième fois après une évasion. L'écrivain Anton Tchekov, qui connut les rigueurs de l'exil, estimait que 70 % des habitants de Sakhaline avaient tenté de s'évader au moins une fois en cours de peine.

D'après Elisabeth Kaczynska,
« Sibérie : la plus grande prison du monde », in
la Prison, le bagne et l'histoire, 1984

CARTE DES BAGNES DE GUYANE

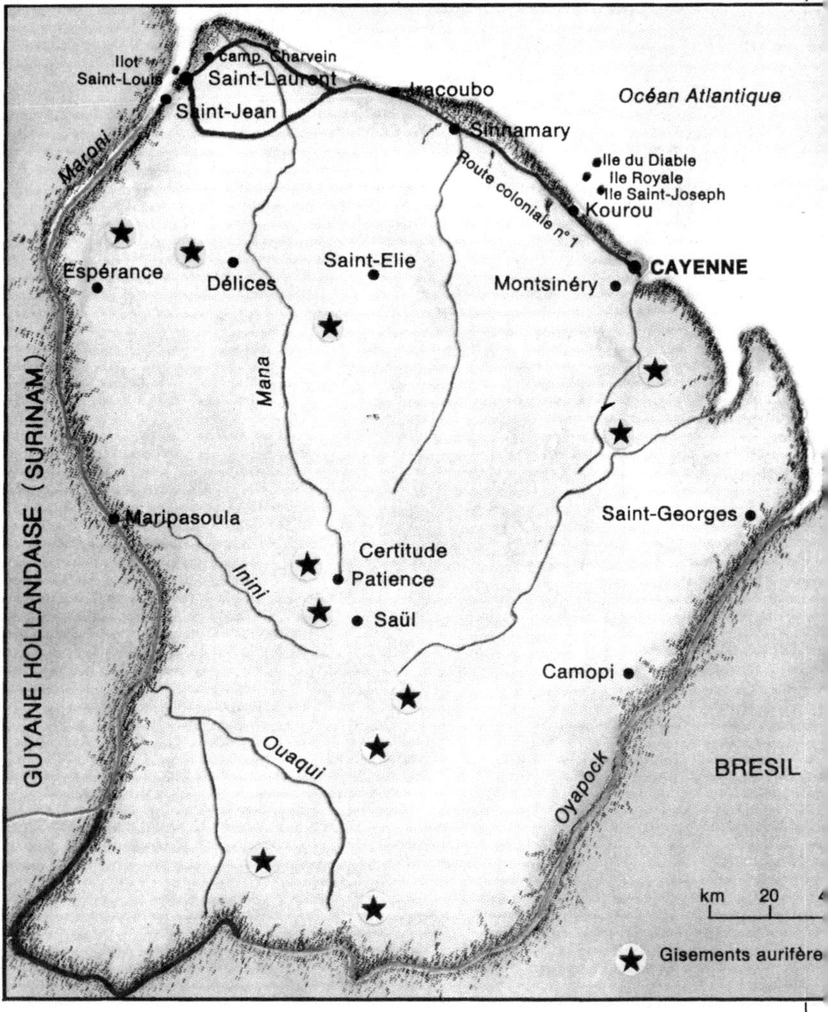

90 000 km de forêts, de fleuves et de savanes. Un territoire idéal pour expédier aux « travaux forcés » les malfaiteurs ou les malpensants. La France y débarqua, pendant près d'un siècle, l'écume des « classes dangereuses ».

BIBLIOGRAPHIE

Généralités

Michel Pierre, *la Terre de la grande punition*, Ramsay, 1982.
J.-C. Michelot, *la Guillotine sèche*, Fayard, 1981.
Jacques Petit (sous la direction de), *la Prison, le bagne et l'histoire*, Genève, Médecine et hygiène, 1984.
Philippe Henwood, *Bagnards à Brest*, Rennes, Ouest-France, 1986.
Maurice Alhoy, *les Bagnes*, Paris, Gustave Havard, 1845.
Pierre Zaccone, *Histoire des bagnes*, Paris, 1869.
Michel Devèze, *Cayenne*, coll. « Archives », Gallimard, 1969.
M. Le Clerc, *la Vie quotidienne dans les bagnes*, Hachette, 1973.

Mémoires et souvenirs de transportés et de déportés

Aux origines de la déportation :

Général Fraytag, *la Vie des déportés en Guyane*, Paris, 1824.
Laffon de Ladebat, *Journal de ma déportation en Guyane*, Paris, 1912.
Ange Pitou, *Voyage forcé à Cayenne*, Paris, Club français du livre (réédition, 1962).

Sous le second Empire :

Charles Delescluze, *De Paris à Cayenne*, Paris (réédition de 1955).
F. Attibert, *Quatre ans à cayenne*, Bruxelles, 1859.
A. Jusselain, *Un déporté à Cayenne*, Paris, Lévy, 1867.

Sous la Troisième République :

Johannès Caton, *Journal d'un déporté de la Commune à l'île des Pins*, Paris, France-Empire, 1986.
J.M. Calloch, *la Mort au ralenti*, Paris, Mengès, 1980.
Henri Charrière, *Papillon*, R. Laffont, 1969 (à manipuler avec précaution...).
R. Delpêche, *Parmi les fauves et les requins ou la confession de M. Charles Hut, ancien forçat*, Paris, d'Halluin, 1955.
Eugène Dieudonné, *la Vie des forçats*, Paris, Gallimard, 1930.
Liard-Courtois, *Souvenirs du bagne*, Paris, E. Fasquelle, 1905.
Paul Rousseng, *25 ans de bagne*, Paris, éditions La Défense, 1934. Réédité sous le titre *l'Enfer du bagne*, Vichy, Pucheux, 1957.
R. Vaudé, *Passeport pour le bagne*, H. Veyrier, 1977.
Claude Barousse, *Parole de forçat*, le dossier Arthur Roques, Actes Sud, 1989.
Souvenirs amers, mémoires de François-Camille Cron (1836-1902), déporté de la Commune à la Nouvelle-Calédonie, Paris, coll. « le Temps retrouvé », *Mercure de France*, 1989.

Quand témoignent les journalistes, écrivains, avocats, surveillants et religieux...

Les hommes de foi :

R.P. Mury, *22 ans de mission dans les pénitenciers de la Guyane*, Strasbourg, F.X. Le Roux, 1895.
Charles Péan, *Conquêtes en terre de bagne*, Paris, Altis, 1948 ; *le Christ en terre de bagne*, Yverdon, 1969.

Les médecins :

Louis Rousseau, *Un médecin au bagne*, Paris, Fleury, 1930.
A. Henri, *Guyane française, capitale Cayenne*, Gallimard, 1935.

Journalistes et écrivains :

P. Darlix, *Avec les « durs » de Cayenne à Caracas*, Paris, Baudinière, 1932.
A. Danan, *Cayenne*,
Francis Carco, *la Route du bagne*.
Marius Larique, *les Hommes punis*, Gallimard, 1933 ; *Dans la brousse, avec les évadés du bagne*, Gallimard, 1933.
Albert Londres, *Au bagne*, Paris, Albin Michel, 1923 ; *L'homme qui s'évada*, Paris, Albin Michel, 1927. (Réédités en un seul volume, coll. 10/18, 1975).
Géo London, *Aux portes du bagne*, Paris, Éditions des portiques, Paris, 1930.
M. Montaron, *les Chemins de la belle*, Paris, Stock, 1971.

Sur d'autres bagnes

Pauline Roland, Arthur Ranc, Gaspard Rouffet, *Bagnes d'Afrique*, Paris, Maspéro, 1981.
Robert Hughes, *la Rive maudite*, Paris, Flammarion, 1988.
Jocelyne Fenner, *le Goulag des tsars*, Paris, Tallandier, 1987.

FILMOGRAPHIE

Bagnes portuaires et bagnards célèbres

1911 : *les Misérables* d'Albert Capellani, avec Henry Krauss et Mistinguett.

1918 : *les Misérables* (Le Pardon du forçat) de Frank Lloyd.
1925 : *les Misérables* d'Henri Fescourt, avec Gabriel Gabrio.
1933 : *les Misérables* de Raymond Bernard, avec Harry Baur et Charles Vanel.
1938 : *Vidocq*, de Jacque Daroy.
1947 : *I Miserabili* (l'Évadé du bagne) de Riccardo Freda, avec Gino Cervi.
1957 : *les Misérables* de Jean-Paul Le Chanois, avec Jean Gabin.
1982 : *les Misérables* de Robert Hossein, avec Lino Ventura.

Le bagne de Guyane

1930 : *la Petite Lise* de Jean Grémillon.
1937 : *Cheri Bibi* de Léon Mathot, avec Pierre Fresnay.
1940 : *Strange Cargo* (le Cargo maudit) de Frank Borzage, avec Clark Gable.
1944 : *Passage to Marseille* (Passage pour Marseille) de Michael Curtiz, avec Humphrey Bogart.
1955 : *We're no Angels* (la Cuisine des anges) de Michael Curtiz, avec Humphrey Bogart.
1973 : *Papillon* de Franklin J. Schaffner, avec Dustin Hoffmann et Steve Mac Queen.

TABLE DES ILLUSTRATIONS

COUVERTURE

OUVERTURE

CHAPITRE I

CHAPITRE II

CHAPITRE III

CHAPITRE IV

forçats, photographie. Collection particulière.
87 Le « plan », dessin en couleurs, 1918. Archives Gallimard, Paris.
88/89h Bastonnade à Saint-Laurent-du-Maroni, gravure.
89 Départ d'un convoi de femmes pour la Nouvelle-Calédonie, gravure.
90h Saint-Martin-de-Ré, embarquement de forçats, photographie.
90b Saint-Martin-de-Ré, deuxième porte du dépôt, photographie.

91 La Rochelle, départ des forçats pour l'île de Ré, photographie.
92h Départ pour le bagne, photographie.
92b Départ pour le bagne vers 1935, photographie.

93h Départ d'un convoi de forçats de l'île de Ré, photographie.
93b Embarquement de forçats, les chalands sont remorqués vers le bateau, photographie.
94h Embarquement de forçats en 1911, photographie.
94/95b Embarquement de forçats pour la Guyane, sortie de la gare maritime d'Alger, photographie.
95 Les cages du *La Martinière*, photographie.
96 Bagnard employé à l'hôpital de Saint-Laurent, photographie.
97 Débarquement par le *La Martinière*, dessin de Félix Lagrange. Musée Franconie, Cayenne.

98/99 Les *Iles du Salut*, peinture sur toile de Prénéfato. Fort Balaguier, Toulon.

100h *L'île du Diable*, dessin aquarellé anonyme. Collection particulière, Paris.
100b Le plateau de la réclusion, île Saint-Joseph. *Idem*.
101h Ile Saint-Joseph, les logements des surveillants. *Idem*.
101b L'intérieur du camp Saint-Joseph. *Idem*.
102/103 *Ile Royale, le camp de la transportation, l'hôpital militaire, et le nouveau phare*, huile sur toile de Prénéfato, 1940. Fort Balaguier, Toulon.
104/105h Kourou, Les Roches, vue du pénitencier, photographie.
104/105m Saint-Jean-du-Maroni, le nouveau camp de la rélégation, photographie.
104/105b Saint-Laurent-du-Maroni, vue des cellules, photographie.
105 Saint-Laurent, quatrième quartier des cellules des condamnés à mort et récidivistes, photographie.
106/107 Distribution de soupe aux condamnés à Cayenne, photographie.
107 *Le Phare de l'Enfant Perdu*, huile sur toile anonyme. Collection particulière, Paris.
108 Forçats au travail à Saint-Jean-du-Maroni, photographie.
108/109 Visite médicale, dessin, 1918. Archives Gallimard, Paris.
110 Forçats au camp Charvein, photographie.
110/111 Le gardien Lecerf, dessin au fusain. Archives Gallimard, Paris.

111h Locaux disciplinaires de Saint-Jean, photographie.
111b Intérieur d'une cellule (planches et fer), photographie.
112 Un cadavre de bagnard jeté à la mer, gravure de Meaulle.
113h Le rêve du forçat qui pense à la belle, dessin en couleurs. Archives Gallimard, Paris.
113b Portrait de Dieudonné, dessin, 1918. Archives Gallimard, Paris.
114/115 *Au clair de lune à Sinnamary, des forçats s'emparent d'une pirogue*, peinture sur toile de Prénéfato,

CHAPITRE V

TÉMOIGNAGES ET DOCUMENTS

INDEX

P. SIMON

M

N

O

P

R

S

T

V

W

Z

CRÉDITS PHOTOGRAPHIQUES

ALG, Paris 1-11, 13, 16, 17, 27, 30/31b, 32, 33, 40b, 45d, 46, 47, 48, 49, 50h, 51, 61, 62, 63d, 65, 67, 68, 71, 90, 91, 95, 100h, 100b, 101h, 101b, 107, 133, 152, 159. Archives de la Marine, Paris 60, 62, 63g, 70. Archives Gallimard, Paris 9, 87, 108/109, 110/111, 113h, 113b, 126, 138/139, 140, 150g, 151, 158, 162, 164, 168, 170, 171. Archives nationales, Paris 64h, 64b. Bibliothèque municipale de Rochefort couv. 1er plat, 36, 37, 40h, 44h, 44b, 45g, 45m, 50b, 52/53, 53h, 54, 55, 57, 154h, 146/148, 155. Collections particulières 41, 74, 79h, 79b, 84/85, 84b, 85, 98/99, 116, 128, 137, 143, 167, 169. D.R. 124, 130, 135, 172. Editions des Caraïbes, Paris 97, 118-121. Fond Bouge, Musée des Beaux-Arts, Chartres 69, 73, 78, 81. Fort Balaguier, Toulon couverture dos, 26, 34/35, 38, 39h, 38/39b, 102/103, 114, 115, 152d, 153, 166. Revue l'Histoire, Paris 180. H.M., Paris 80, 86, 117, 123, 132. Mansell, Londres 176/177. Musée Carnavalet, Paris 18-25. Musée de l'Homme, Paris 72, 77b, 82h, 104/105h, 104/105m, 104/105b, 106/107, 125b. Musée de la Marine, Paris 29, 32, 33, 47, 56b, 82b, 129, 157. Musée du Vieux Toulon, Toulon 12, 14/15, 28, 42/43. Musée municipal de Brest 58/59. Roger-Viollet, Paris couverture 4, 30/31h, 74/75m, 76, 77h, 88/89, 89, 92h, 92b, 93h, 93b, 94, 94/95, 96, 105, 108, 110, 111h, 111b, 112, 122, 127, 150d, 174, 179.

REMERCIEMENTS

Nous remercions les personnes et les organismes suivants pour l'aide qu'ils ont apportée à la réalisation de cet ouvrage : Pierre Pitrou, photographe, Jean Bernard, photographe, Jean Vigne, photographe, Michel Rodrigue, expert, François Macé de l'Epinay, conservateur au musée Carnavalet, Serge Kakou, Hubert Martinez, Eric Guillon.

COLLABORATEURS EXTÉRIEURS

Marianne Bonneau a assuré la lecture-correction de cet ouvrage.

Table des matières